やり直し・間違いゼロ

絶対にミスをしない人の仕事のワザ

THE EYE-OPENING WORKING TECHNIQUES
OF PEOPLE WHO NEVER MAKE MISTAKES

鈴木真理子
MARIKO SUZUKI

明日香出版社

はじめに

ミスをなくしたい。

これはビジネスパーソンに共通する課題ではないでしょうか。

「○○さんってミスが多いんですよ」、これが褒め言葉にはならないことを私たちは知っているからです。

会社に入ると、ひと通り仕事のやり方を教えてもらえます。でも、ミスのなくし方までは教えてもらえません。みんな試行錯誤しながら仕事をしているのが現状です。

ミスのない人は自分なりのテクニックを持っています。でも、「人に披露することでもないし」と謙遜したり、部下や後輩には「自分で失敗して身につけてほしい」と心を鬼にして教えない人が多いのです。

ミスをなくせば、幸運のサイクルが回りはじめます。

「○○さんはミスがない」と評価される。「○○さんなら任せて安心」と信頼される。

「○○さんに担当してもらいたい」と指名される。そうやって活躍するステージがどんどん広がっていくからです。

そのうえ、やり直しやムダな作業が減るので、残業だってせずに済みます。

一方、毎日がんばっているのに空回りしている人、なかなか結果が出せない人もいます。そのとき「気合いだ！」「がんばろう！」の意欲は大切ですが、とくに事務の仕事は根性論だけではうまくいきません。

私は日頃、ビジネスセミナーの講師をしています。そのテーマについて、原稿を書く機会も増えてきました。また小さな会社の経営者でもあります。

といっても経歴は地味で、学校を卒業してから保険会社に入社し、約10年間は定型業務やアシスタントをしていました。

「当時は優秀だったの？」と聞かれることがあるのですが、キッパリ「いいえ」と答えています。なぜなら「ケアレスミスが多い」「仕事ができない」「結婚して家に入った方が向いているのでは？」などと言われたことがあるからです。

でも今は違います。子供の頃の夢「物書きになりたい」、会社員の頃の夢「プロの講師になりたい」を、遅ればせながら叶えることができました。

やりたい仕事がいただけるようになったのは、弱点だったミスをなくすよう毎日積み重ねてきたからだと思います。今では、たくさんのミスに「ありがとう」を言いたい気分です。

同じような悩みを抱える人たちを見て、ミスをなくす一助になればと、自身のテクニックを本書に惜しみなく載せました。文章はおさえ気味にして、イラストや図解をたくさん入れています。勉強するというより、楽しみながら読んでほしいですし、「私も同じミスをする！」という章や項目を重点的にチェックしてもらってもいいでしょう。

あなたも1日も早くミスをなくして、チャンスをつかみましょう。

鈴木　真理子

◎目次──絶対にミスをしない人の仕事のワザ

第2章

整理・整頓編

第3章 メモ・ノート編

第4章

コミュニケーション・報連相編

第5章

スケジュール・時間管理編

第6章

仕事の習慣編

第7章

日々の心構え 編

◎イラスト
パント 大吉

◎カバーデザイン
萩原 弦一郎（デジカル）
橋本 雪（デジカル）

第1章

メール・ビジネス文書 編

Tips 01 メールを書く前に作戦を立てる

メールを書くとき、伝えたいことの一部を忘れたまま送信してしまう。送信した後で忘れた用件に気づいて、もう1通送る。こんなミスが思い当たる人もいるでしょう。

なぜ用件を忘れてしまうのか。原因は2つ考えられます。

ひとつ目は、**いきなり本文を書いている**こと、2つ目は、**記憶に頼っている**ことです。

メール1通であっても準備が必要です。まずは、キーワードメモを作りましょう。

キーワードメモは、紙かメールの作成画面を使います。どちらにしても、まずは伝えたいことを箇条書きにしてください。

キーワードをすべて挙げたら、忘れている項目がないかを念入りにチェック！　問題がなければ、それからきちんとした文章に仕上げます。

つまり、**「他に伝えることはなかったかな？」と記憶をたどる作業、文章化する作業を別々にする**のです。「思い出しながら書く」方が、一見すると速いようですが、実は注意が散漫になりやすいのです。

「思い出す」と「書く」を切り離し、それぞれに集中することでミスを防ぎましょう。

▶ 01 メールのながら作業をやめる

□ステップ１　作戦を立てる

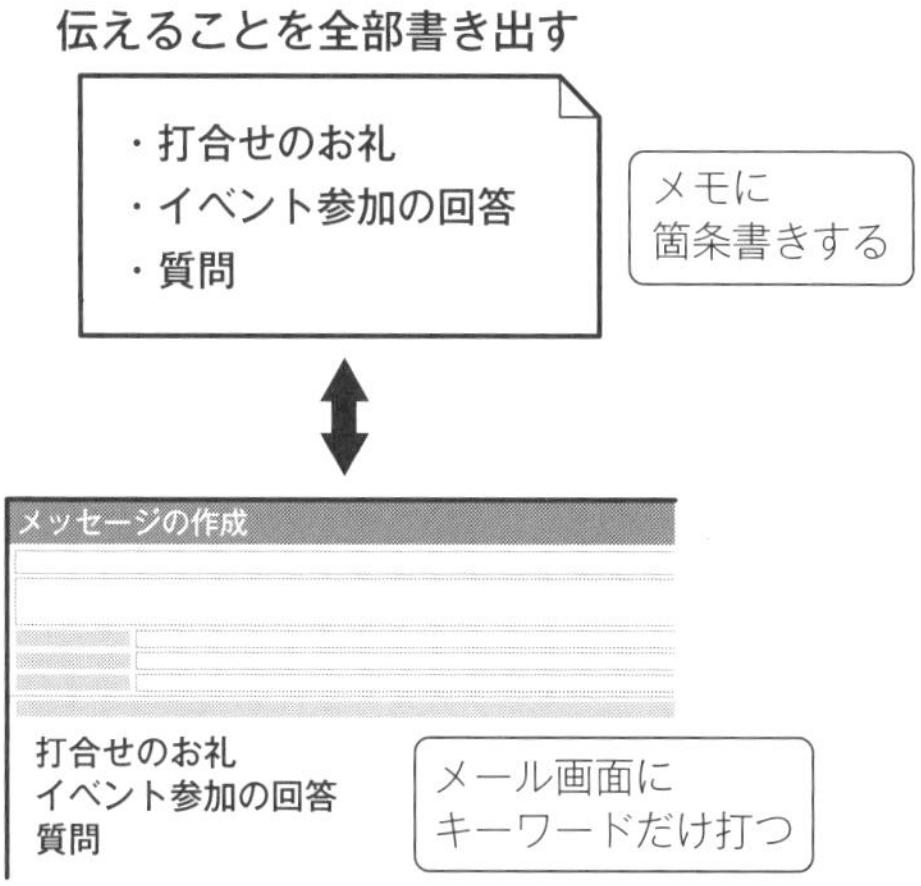

□ステップ２　文章にする

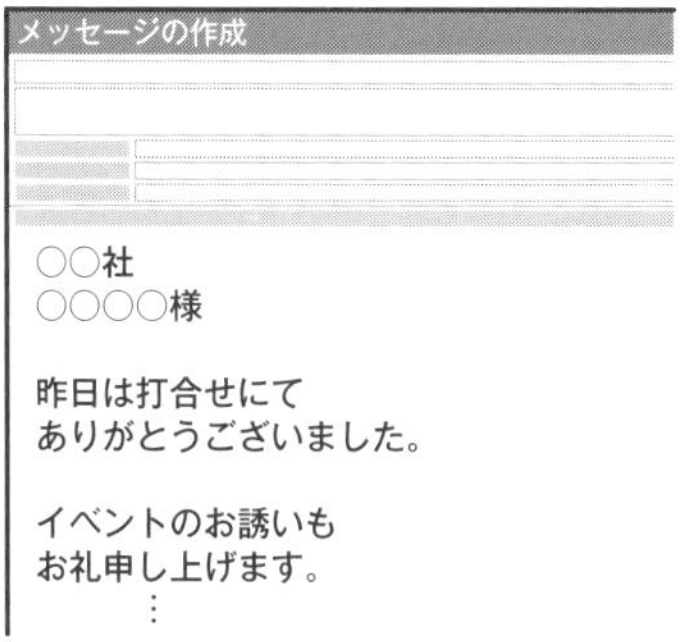

キーワードを文章にしていけば、伝え忘れが防げる！

Tips 02

長文メールは読んでもらえない

相手に届いているのに、きちんと読んでもらえないメールがあります。その原因のひとつに、本文が長すぎることが挙げられます。ダラダラと続くお手紙風だったり、改行していなかったり、起承転結で結論が後回しだったり。そんなメールは読み飛ばされてしまうことがあります。

また、たくさんメールを受信する人は、すべてをじっくり読む時間がありません。そのため件名と送信者を見て大事なメールを選んだり、捨てたりしています。つまり、「メールを送ったから読んでいるはず」と思い込むのは危険です。送ったメールが読まれなかったというミスは、送った方にも原因があるのです。

メールの分量は、スクロールしないで一度に画面に表示される程度におさえてください。さらに**件名を見れば伝えたいことがわかるようにし、本文は結論を前へ持ってくる**ようにします。

また、文章だけでなく箇条書きを取り入れれば、ダンゼンわかりやすくなるのでお試しください。

▶ 02 読まれるメール

□読まれる件名

× ご無沙汰しております
× △△社　山田です

○ 新サービス□□のご提案
○ 【ご相談】貴社訪問の日時について

□本文はスクロールしなくても読める分量にまとめる

お世話になっております。

弊社はファイリングのサービスを開発しました。
よろしければ説明に伺いたいのですが、
以下のご都合いかがでしょうか。

1、○月○日（月） 13：30～14：30
2、○月○日（水） 15：00～16：00
3、○月○日（金） 10：00～11：00

ご多忙と存じますが、よいお返事をお待ちしております。

ポイント

- 件名は本文を要約する
- 箇条書きを用いる
- 日時を決めるときには候補を挙げておく

Tips
03
添付ファイルは本文を書く前に

メールにファイルを添付するつもりだったのに、ウッカリ忘れてしまい再送しなければならない。誰もが一度は経験するミスかもしれません。でも1通のメールで済むのに2通送信するのは非効率です。

添付忘れの原因は何でしょうか。思うに、メール本文を先に書き上げるとホッとし、つい送信ボタンを押してしまうからでしょう。誤字脱字はチェックしたとしても、添付ファイルの有無は見落としやすいのです。

そこで、**送るファイルがあれば本文を書く前に添付してください。**メールの作成画面を上下で分けてとらえ、上部を入力し終えてから下部にある本文へと移りましょう。すると目線も画面の上から下へと自然に流れていくので、ミスが防げます。

さらに**件名には「添付3」などファイルの総数を入れておく**ようにしましょう。数を書けば、送信前にセルフチェックができ、もらった相手はファイルがあるか、数に間違いがないかを瞬時にチェックできます。

▶ 03 添付ファイルが先

□添付してから本文を書く

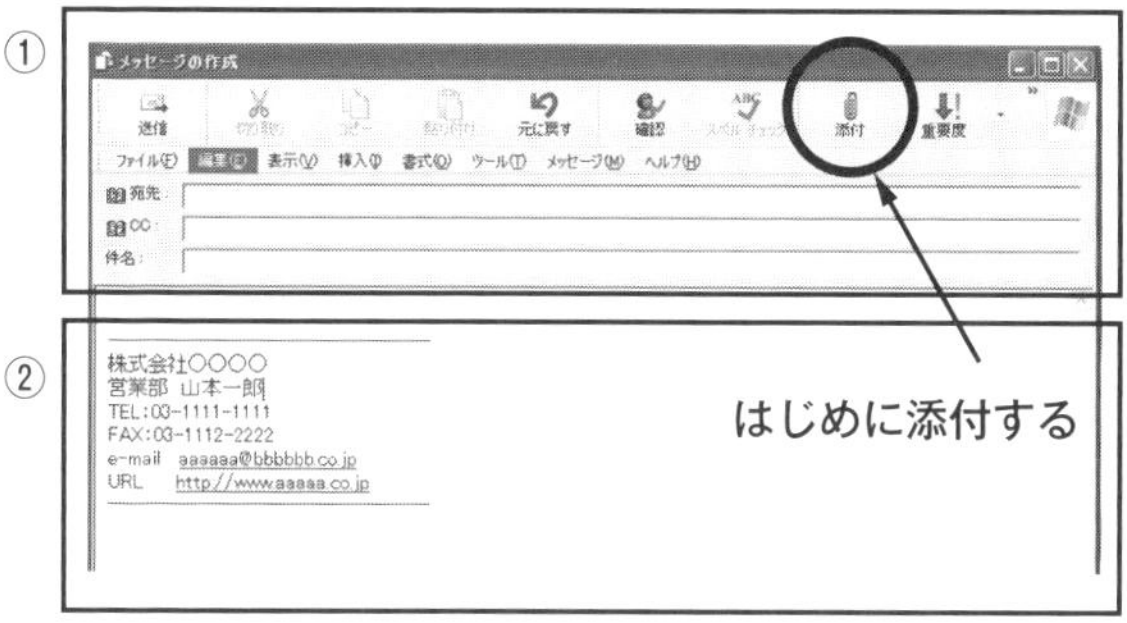

①の部分を全て作業してから、②の本文へ

□件名に添付するファイルの総数を書く

件名：【資料送付】○○会議（添付３）

※ファイルが３つ以上あるなら圧縮する

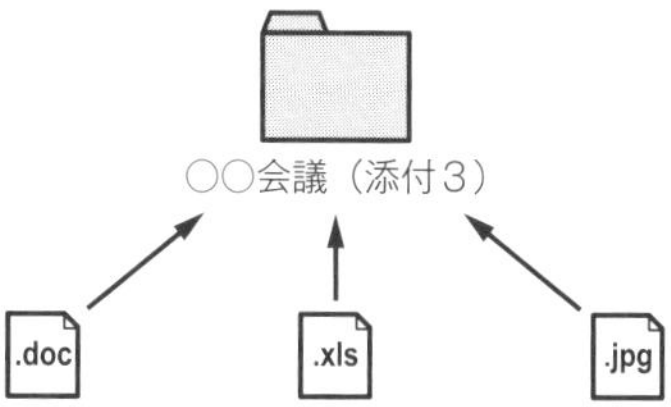

・圧縮フォルダーに名前をつけ、ファイル総数も書いておく
・送信ボタンを押す前に、添付忘れがないか、件名とフォルダーにあるファイル数は合っているかをもう一度確認する！

Tips
04
相手の社名と名前は絶対に間違えない

お客様や取引先に文書やメールを書くとき、正式な社名や役職、名前が思い出せずに考え込むことはありませんか？　うろ覚えが原因ですが、逆に固有名詞のすべてを暗記している人がいるとしたら不思議なくらいです。以前やりとりしたメールを検索したり、名刺を探すのは意外と手間がかかるもの。何より間違いがあって、相手を不快にさせてはいけません。**宛名を間違えないのは、最低限のマナー**と心得ましょう。

宛名のミスを防ぐには、単語登録が役立ちます。

例えば「青空商事株式会社　営業部　満天一郎様」なら「@あお」などと登録します。登録の仕方は「@＋社名の2文字」など、自分なりのルールを作って統一してください。そして**「単語登録リスト」を作り、都度更新**しておきましょう。誰をどのように登録したかを記録しないと、あっという間に忘れてしまい、登録した作業がムダになってしまうからです。

また、社内文書・メールで、相手の役職を間違えたときに、いちいち謝ったりするのも時間のムダです。そこで了解を得て、「さん」で統一してしまうのも一案です。

▶ 04 単語登録を活用する

□単語登録をすればラク

画面の右下あたりに言語バーがあるので、その中の道具箱のようなアイコンをクリック。すると「単語の登録」というメニューが表示される。それを選択すると、登録画面が出てくる。

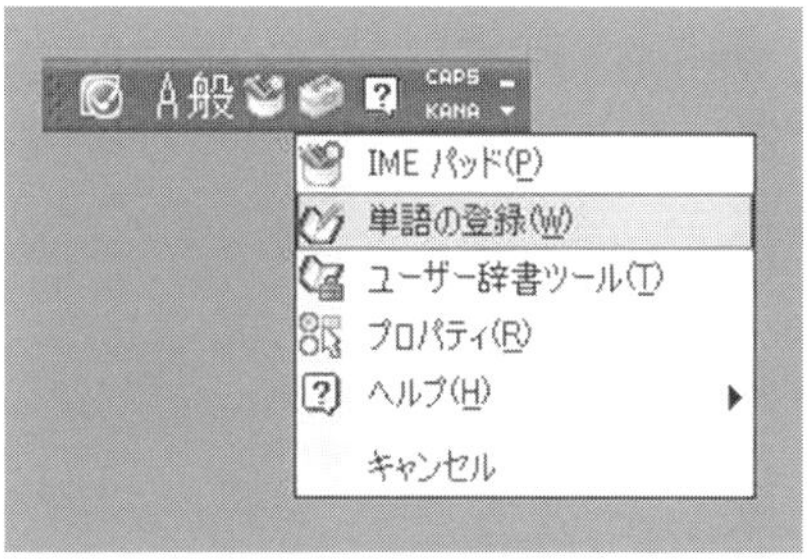

「青空商事株式会社　営業部　満天一郎様」を「@あお」だけで表示させるには、入力画面の「単語」に「青空商事株式会社　営業部　満天一郎様」、「よみ」に「@あお」と入力。
最後に登録ボタンを押せば、完了。

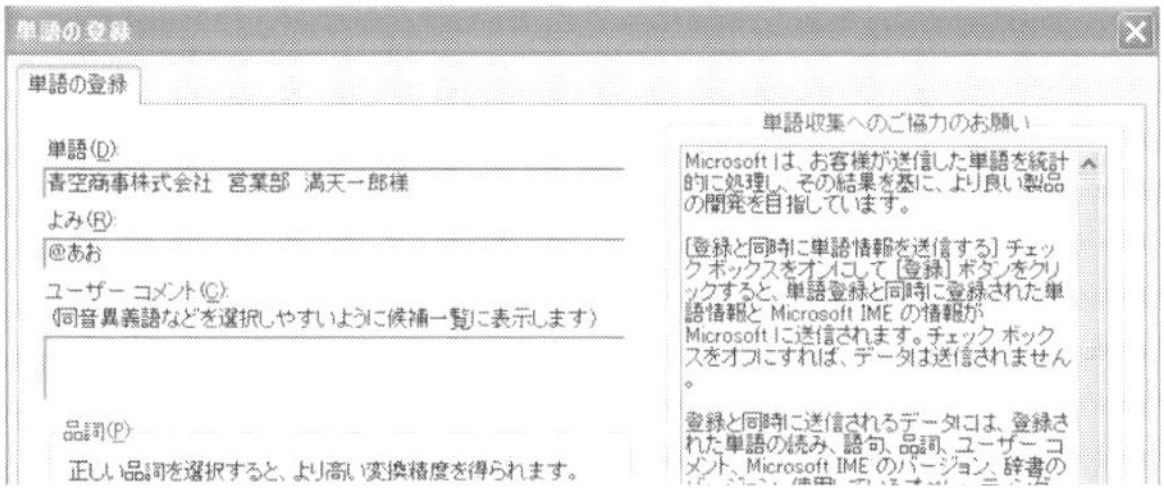

※ 操作方法は Windows の Word 2010 で説明しています。他のソフトやバージョンの場合、操作や画面が若干異なります。操作がわからない方は各ソフト会社のホームページなどをご覧ください。

Tips

05

休暇予定はメールの署名に入れる

休暇を取るとき、同僚には連絡をしても、社外の人に知らせる人は少ないようです。でも、取引先やお客様が、至急あなたに連絡を取りたいときはきっとあります。立場を変えて、自分が顧客のときを想像してみてください。相手から折り返しの電話やメールの返信がこないと「対応が遅い」とイライラすることはありませんか。もしくは「数日間不在にするなら、なんで事前に知らせてくれなかったの」と不満に思ったりします。

そう、お客様は自分の都合で連絡をしてきます。そして急いでいるのです。

そこで対策です。**3日以上休む予定があるなら、事前に知らせておきましょう。タイミングは1カ月前くらいから。**早くても問題はなく、ギリギリは避けてください。そうすれば先方も心づもりができるからです。

あなたが休暇を楽しめるように「ドタバタギリギリの頼みごとを減らそう」「締切日を遅らせよう」と、相手が配慮してくれるかもしれません。

一方、会社の休業期間。年末年始やお盆休みならホームページでの告知が一般的ですが、**メールの署名に加えてもいい**でしょう。ダブル効果でより伝わりやすくなります。

▶ 05 いきなり休まない

□連絡する相手を選ぶ

・休み中に連絡がくる可能性大！
・突然休むと迷惑がかかる！

□メールの署名に加えれば、“ついで” 告知できる

勝手ながら8/1(月)~8/5(金)は夏季休暇を取得いたします。

○○会社　○○ ○○

電　話：
住　所：
email：
URL：

・休み中、ケータイに至急の連絡がこなくなる！
・プライベートな時間を満喫できる！

Tips
06 受信トレイのメールは5通まで

受信トレイにすべてのメールを並べておくと、優先順位がつけられず大事なメールを見落とすリスクがあります。画面をスクロールしないと現れないメールも見落としやすく、納期遅延などにつながります。

このようなミスを防ぐには、**「受信トレイに5通まで」**をルール化しましょう。方法はフォルダーによる管理ですが、日付や相手、案件など細かく分けすぎるとかえって非効率です。そこでシンプルに**「処理済み」のフォルダーを作ってください。**「返信する」「頼まれた資料を送る」などの対応したメールは、手動で「処理済み」に移動させます。

また、時間をかけずに処理できるメールが届いたときは、サクサク返信してしまいましょう。仕事は抱えるより手放せ！　するとストレスも減るはずです。

「処理済み」フォルダーにあるメールは一定期間保管しておき、後から探すときは検索します。よって**受信トレイに残るメールはペンディング案件だけ。**やるべきことが目につきやすく、ＴｏＤｏリストも兼ねています。

スッキリ空になった受信トレイを見るのは、何とも爽快です。

▶ 06 受信トレイをスッキリ

□フォルダーを整理する

・受信トレイは５通まで
・たくさんたまると、画面の下にあるメールは見落としやすい
・メルマガやニュースは、「メルマガフォルダー」へ自動仕分け

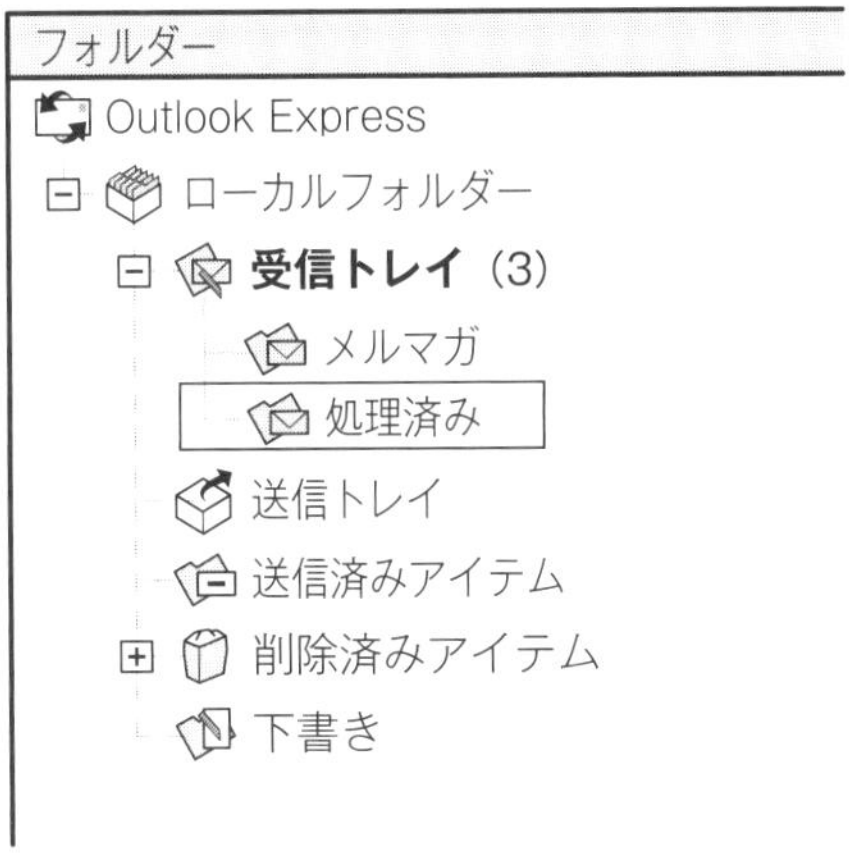

フォルダーは「相手別」、「案件別」、「時系列」などの仕分け方法もあるが、あまり細かくすると、どこに入れるか迷ったり、どこに入れたかわからなくなったりしてしまう。
「処理済み」なら考えるムダが省ける。

※「自動仕分け」の操作がわからない方は各ソフト会社のホームページなどをご覧ください。

Tips 07

時候の挨拶は「時下」で統一する

文書を時短で作成するなら、一度作った文書を保存し、必要箇所を書き換えて再利用する方法があります。でも、この方法は便利な反面、ケアレスミスをしやすいので注意が必要です。

よくあるのが、社外文書に入れる時候の挨拶のミス。**「○○の候」は発信月によって異なるので、月が変われば書き換えなければなりません。**この書き換えを忘れてしまうのです。

そこで、毎月形式的に送る書類であれば、通年使える「時下」に統一してしまいましょう。その分、大事な用件などに間違いがないか、重点的にチェックします。

また、頭語と結語の**「前略」「草々」**は、挨拶文を省略するときに使います。堅苦しい挨拶文を書かないのは楽ですが、**正式な文書でお礼を伝えるときなどは、不向きです。**目上の人や大切なお客様に使えば、相手の心証を害す場合もあるので、「拝啓」と「敬具」をキチンと入れてください。

形式的、事務的に送ればいい文書は効率化してミスをなくすように。心を届ける文書は省略をしないこと。つまり目的に応じて使い分けが必要ということです。

▶ 07 効率化する文書・しない文書

□事務的に送るなら効率化！

毎月送る請求書の送り状

拝啓 時下 ますます
ご発展のことと
お喜び申しあげます。
………………
敬具

1月 新春の候
2月 向春の候
3月 早春の候
4月 陽春の候
⋮
12月 師走の候

→「時下」なら通年使える

□心を届けるなら省略しない

×

前略
　このたびは弊社のキャンペーンにご協力くださいまして、ありがとうございました。………
草々

・プライベートな手紙
・はがき

○

拝啓　○○候、貴社ますますご発展のこととお喜び申しあげます。

　このたびは弊社のキャンペーンにご協力くださいまして、ありがとうございました。………

敬具

・ビジネスシーン

Tips
08
文書で書き換えるところは赤字にしておく

文書を再使用するとき、間違えやすいのは時候の挨拶だけではありません。他には、**日付や数量、金額などの数字、相手の会社名・役職・氏名もミスしやすい箇所**と言えます。とくに日付は、作成した日と実際に発信する日が異なることが多いでしょう。例えば上司のチェックを待ってから、翌日発信する場合は、日付を変更しなければなりません。

書き換えのミスをなくすための秘策は、変更箇所を赤字にして保存することです。スペースにする方法もありますが、書式が崩れたり、必要な言葉を書き忘れる可能性があるため、赤字で目立たせておくといいでしょう。

そういえば以前、ある企業の研修を終えると礼状が届きました。人事部の方がわざわざ郵送してくれたのです。嬉しくなって読んだところ、最後の一文にミスを見つけてしまいました。「○○様のご活躍を祈念いたします」の○○に、自分でない人の名前が入っていたのです。その時点で**使い回しとバレて、がっかりしました**。

このようにせっかくの気遣いや労力を台無しにしてはもったいない！　ぜひ赤字で自分に注意を促してみてください。

▶ 08 赤字にして保存

□次回変更するところは赤字にする

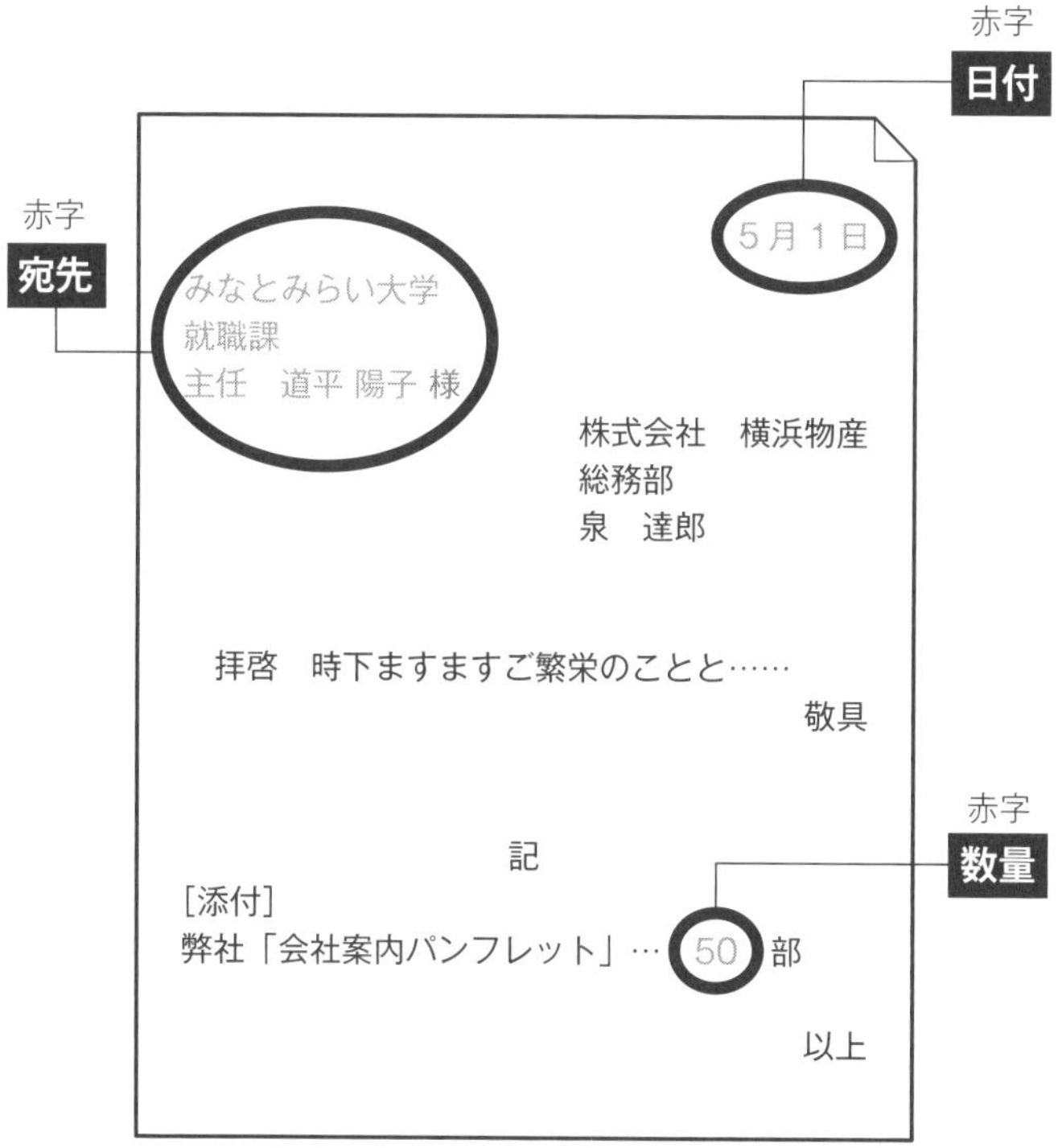

× スペース…書式が崩れる
　　　　　　必要な言葉を書き忘れる

○ 赤字………目立つのでキチンと修正できる

Tips
09 FAX送り状は正確な情報を入れる

メールが主流とはいえ、ときには「FAXで送ってほしい」と頼まれることがあります。そのとき誤送すれば情報は漏えいし、送り忘れや送信エラーがあっては相手の仕事を停滞させてしまいます。つまり、FAXを送るときはミスがないのはもちろんのこと、相手の手元に正しくすばやく届けることが大切です。

FAXを送るときは送り状を作成しましょう。このとき正確な情報を入れるのがポイントで、**受信者の所属や名前は省略せずにフルネームで書いてください。**もし「佐藤様」とだけ書けば、同姓の人が社内に複数いるかもしれないからです。さらに日付や枚数も忘れずに入れます。「本送り状を含めて全3枚」と書き、それぞれのページに1／3などと番号を振れば、受信者は全ページが正しく届いたかを確認しやすくなります。

そして**FAXは本人以外が見ることをお忘れなく。**誤送すれば赤の他人に読まれてしまいます。たとえ正しい番号に届けたとしても、社内の誰かが目にするので、間違っても「親展」はありえません。

なお、**急ぎの場合ならFAXを送った直後、電話で伝える**とさらに親切です。

▶ 09 My FAX 送り状を作る

□テンプレートを使って「My FAX 送り状」を作る

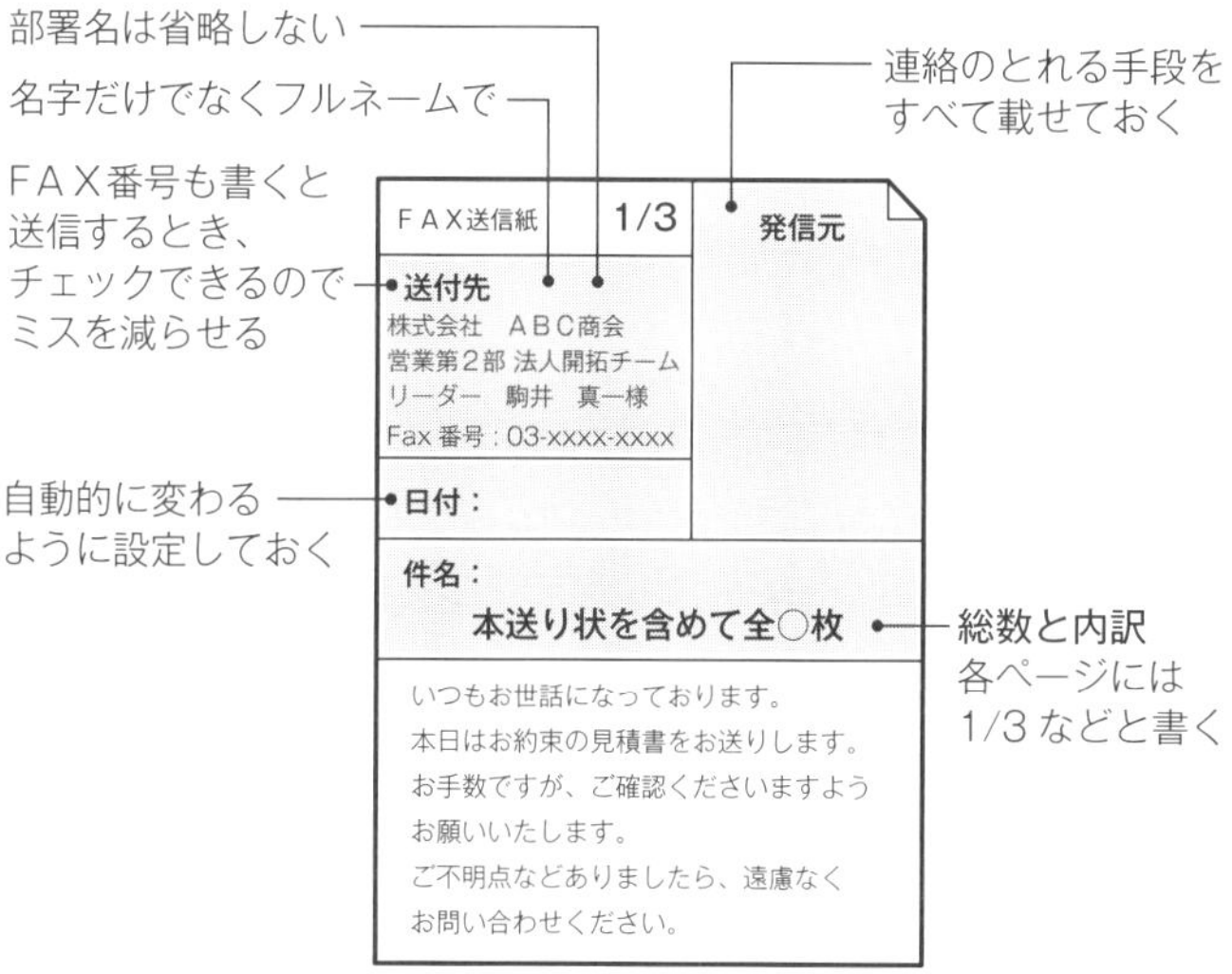
部署名は省略しない
名字だけでなくフルネームで
FAX番号も書くと
送信するとき、
チェックできるので
ミスを減らせる
連絡のとれる手段を
すべて載せておく
FAX送信紙　1/3
発信元
送付先
株式会社　ABC商会
営業第2部 法人開拓チーム
リーダー　駒井　真一様
Fax 番号：03-xxxx-xxxx
自動的に変わる
ように設定しておく
日付：
件名：
本送り状を含めて全○枚
総数と内訳
各ページには
1/3 などと書く
いつもお世話になっております。
本日はお約束の見積書をお送りします。
お手数ですが、ご確認くださいますよう
お願いいたします。
ご不明点などありましたら、遠慮なく
お問い合わせください。

□日本人で多い名字をご存じですか？

1位　佐藤
2位　鈴木
3位　高橋
4位　田中
5位　渡辺

名字だけ書くと同じ会社に何人かいるかもしれないので
フルネームにする。

Tips
10
大事なメールやFAXは「受領」の返事をもらう

メールやFAXを送ったのに、相手から何のリアクションもない。となると「正しく届いたかな」と不安になることがあります。

大切な内容を送るときは「受領」の返事をもらうようにしましょう。お願いする方法は簡単で、メールやFAX送り状に**「まずは受領の返事だけでもくだされば幸いです」と書き添えればいい**のです。

なお、メールソフトの開封確認（開封通知）を使えば、返信をもらわなくても、相手が受信・開封したことがわかります。ただし、「監視や指示をされているようだ」などの理由から不快に感じる人が5割ほどいるのも事実。そう、あなたの周りにもいませんか？毎回大した内容でないのに開封確認で送りつけてくる人が。

例外として、いつも仕事が遅かったり、返事をくれない相手であれば、ミスをなくすために開封確認を使うのも一手です。

その場合は、**「返信のお手間を省くために開封確認でお送りしました」と書き、相手のメリットを強調する**ようにしましょう。

▶ 10 返事をもらう、もらわないの使い分け

□シーンに合わせ、臨機応変に使い分ける

大事な内容

↓

返事をもらう

【フレーズ】
まずは受領の返事だけでもくだされば幸いです。

↓

【効果】
「届いていない」「読んでいない」のミスが防げる

二方通行がベスト

大事ではない内容

・挨拶
・お礼
・受領の連絡など

↓

返事をもらわない

【フレーズ】
○○（お礼）ですので、返信はお気になさらずに。

↓

【効果】
・メールの往復が減らせる
・本来の業務に集中できる

一方通行がベスト

Tips
11
自分の目を他人の目にする

ビジネス文書の誤字脱字、日付や数量、請求書の金額ミス。これらの書き損じを見落としたまま発送してしまい、相手先から指摘されたことはありませんか。修正や再送をすると余分な時間や郵便代などコストがかかります。

そもそもビジネスではミスがなくて当たり前と評価される厳しい世界です。もし文書にミスがあったなら、作り手のあなたが「そそっかしい人」と思われるだけでなく、企業の管理体制まで疑われかねません。

ダブルチェックは水際でミスを防ぐ良策です。でも、誰かにミスを見つけてもらう前提ですとミスを繰り返し、責任感が育ちません。まずはセルフチェック力を高めましょう。

とはいえ、自分で自分の仕事をチェックすると、正しいという思い込みが邪魔をします。だからミスに気づきにくいのです。そこで自分の目を他人の目に近づけましょう。時間をおけばおくほど客観的になるので、少なくとも**ひと晩は寝かせてから読み返してください。**

また、印刷をすると紙がムダになる心配もありますが、**画面上でチェックするより格段にミスが見つけやすくなります。**

▶ 11 印刷＋翌日チェック

□画面だとミスを見つけにくい

・印刷せずにササッと見直すだけ
・作りたてをすぐ送ってしまう

□印刷して一晩寝かせてからチェックしよう

1. 印刷　　2. ひと晩置く　　3. 翌日チェック

自分の目
「ミスはない」

他人の目
「ミス発見！」

Tips 12 見積書や確認表で「伝えたつもり」をなくす

「言った」「言わない」の失敗は、誰にでも一度はあるでしょう。例えば、得意先とのやりとり。いつもお願いしていることなので、当然わかってくれると思っていたのに「聞いていない。ちゃんと説明してくれないと困るよ！」と不満を言われた経験はありませんか？「あうんの呼吸で」「言葉にしなくても察する」で仕事をすると、ミスを誘発しやすくなります。

たとえ「前回と同じ」「いつも通り」であっても、都度書面にして取り交わしましょう。

受注する商品や数、金額、納期のミスを防ぐには**見積書**が有効です。先方に見積書を確認してもらえば、仕事に着手する前に気づくことができるからです。

私が研修をするときは、担当者の方へ**「確認表」**も送っています。これは準備物や運営要領を一覧化したものです。資料をデータで納品するなら、印刷の仕方や綴じ方までハッキリ書きます。また、必要な備品や文具を載せるのはもちろん、机の配置は6名グループ形式など、詳しく書いて伝わるようにしています。

▶ 12 書面でお互いにチェック

□見積書でミスがないか確認してもらう

見積書

1. 商品　○○
2. 個数　200
3. 納期　○月○日（○）
4. 金額　¥○○○○○

見積書届いたよ。
200 個じゃなくて 240 個だよ。

□相手が知りたいことを確認表に盛り込む

確認表

1. 印刷物
　・・・・・・・・・・
2. 机の位置
　・・・・・・・・・・
　・・・・・・・・・・
3. 備品
　・・・・・・・・・・
　・・・・・・・・・・

完璧な準備
ありがとう！
確認表の通りに準備しました。

Tips 13

大事な書類は控えを取ってから送る

大事な書類や品物を郵送や宅配するときは、万が一のときに備えてコピーやバックアップを取っておきましょう。一度手元を離れるのですから、なくなることを想定しなければなりません。もし輸送中に紛失したら賠償請求できる場合もありますが、**データを入れたUSBメモリーや書類はお金には換えられない**と心得てください。

そういえば以前、切手を貼ってポストに投函した封筒がなくなったことがあります。郵便局に問い合わせたのですが、理由がわからなく諦めざるをえませんでした。やはり**大事な書類やモノを郵送するなら、普通郵便より別の送り方を選択するのが賢明**です。損害賠償の請求ができるのは書留、ゆうパックのセキュリティサービス。追跡調査できればいいなら特定記録、レターパックなどがあるので、郵便局で詳しく聞いてみてください。

また、信頼できる業者を決めておくのも一案です。私はスピード感あふれるヤマト運輸にお願いしています。

送る相手に「○月○日（○曜日）12～14時着、ヤマト運輸でお届けします」とあらかじめ伝えておけば、安心感を与えることもできるでしょう。

▶ 13 送付物の紛失をなくす

□書類を送る前に、控えを残そう

コピー

データ保存

□大事なものを郵送するならケチらない

×

切手を貼った普通郵便

○

損害賠償請求できる	→	・書留 ・ゆうパックのセキュリティサービス
追跡調査できればいい	→	・特定記録 ・レターパック

・レターパックをストックしておくと便利
・ポストに投函できるので時間を気にせず OK
・ただし到着日時は指定できない

□業者を決めておくと楽

第2章

整理・整頓 編

Tips
14 デスクを物置にしない

あなたは1日何時間くらい会社のデスクに座っていますか？　間接部門や主に内勤の人なら、大半がデスクワークだと思います。就業時間が9時〜17時の場合ですと、お昼休憩を除けば7時間。となると、睡眠時間と同じくらいの長さをデスクで過ごすことになります。

ちなみにベッドは、しっかり寝て身体を休めるためにありますが、デスクは何のためにあるのか、考えたことはありますか？

デスクは、人が仕事をするところです。考えたり、作業をしたり、書類を読んだり……。つまり、生産性の高い仕事をするために用意されたものです。ですから**テキパキと仕事がはかどるよう、しっかりと執務スペースを確保することが大切です**。ファイルや書類が広げられるスペース、パソコンが姿勢よく打てるスペースを作らなければなりません。

でも実際には、ゴチャゴチャと書類やモノであふれている人もいます。本来の目的は「仕事をするところ」なのに、いつの間にか「物を置くところ」に変わっている。このままでは、**必要な書類が見つけられなかったり、文具を探す時間が増えてしまったりします**。

まずは、デスクの目的を理解することからはじめましょう。

▶ 14 デスクのスペースを確保

□デスクは物置ではない

×

○ スッキリ!!

睡眠と同じ 7~8 時間をデスクで過ごす。
デスクはあなたにとってリラックスできる空間か？

スペースがありますか？

- ☑ ファイルや A4 の書類を広げられる
- ☑ パソコンが姿勢よく打てる
- ☑ 同僚が連絡メモや回覧、書類を置ける

Tips

15 書類は寝かせない、重ねない

「必要なファイルが見つからない」「これから持っていく書類はどこ？」と、慌てて探すことはありませんか。もし、大事な商談があるのに約束した企画書や見積りを用意できなかったら……。想像しただけで冷や汗が出るのではないでしょうか。

以前いた職場で、ある男性社員から頼まれ、彼の書類をみんなで1時間探したことがありました。数時間後、商談に持っていくはずの書類がないと言うのです。全員で協力して共有キャビネットやら、自分の机の引き出しまで探したところ……。結局、彼の机の上で見つかりました。デスクの上には、雪崩が起きそうなほど書類が積み上げられていたのです。以来、彼は「整理・整頓が苦手」とレッテルを貼られてしまいました。

ファイルや書類は横に寝かせない、重ねないのが基本です。**下から上へ積み上げていくと、下になった書類の優先順位が下がってしまい、締切りに遅れる**などのミスやエラーが発生してしまいます。また、他の書類に紛れ込んで迷子になる心配もあります。

解決策はいたってシンプルで、**執務中はファイルや書類を立てる**ようにしましょう。立てれば探しやすく、省スペースにもなり、仕事がはかどるデスクになるはずです。

▶ 15 書類とファイルは立てる

□下にある書類は見落としやすい

寝てる

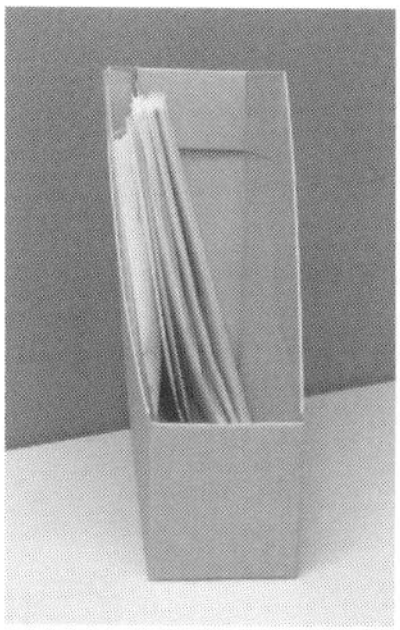

立てる

下になったファイルは、自動的に上がってこない。
大切な書類が下になると、ウッカリ忘れやミス・クレームの原因になりかねない。

進行中の書類はクリアファイルに入れ、デスクの上に立てておく。

□引き出しの中も"立てる"

ファイルを立てれば
探しやすく、
省スペースにもなる。

Tips

16 旬を過ぎた書類は捨てる

デスクで必要な書類がすぐに見つからない人は、手持ちしている情報量が多いのかもしれません。食べ物であれば賞味期限があり、それを過ぎれば腐るため、私たちは捨てざるをえません。でも紙は劣化しにくく、なんと2000年の歴史があるくらいです。つまり**『捨てる』を意識しなければ、文書はどんどん増えていく**一方です。

情報も時間が経てば、お役立ち度は低くなっていきます。そこで社内の文書管理基準を確認し、保管・保存期限が過ぎているものは、思い切って捨てましょう。

捨てられない症候群の人は、情が邪魔をしています。「苦労して作った書類だからもったいない」「思い出や成果は取っておきたい」「また使うかもしれないから」などは、すべて気持ちの問題です。でも文書管理基準があれば、その情を排除することができるのです。

必要かつ旬な情報だけ入れたデスクに座れば、「何が」「どこに」あるかが、明確になります。

またスッキリした環境を作れば、頭にもスペースが生まれるので、大事な仕事に集中することができるでしょう。

▶ 16 捨てるワザ

□あなたが捨てられないものは何ですか？

捨てられない理由

- 日本特有の言葉「もったいない」→ モノを大切にする教え
- 思い出に浸りたい気持ち
- 自分の成果を異動・退職後も残したい気持ち
- 前任者や上司・先輩の書類を勝手に捨てて、恨まれたくない気持ち
- 「また使うかもしれない」という不安

⬇

情が、整理の邪魔をする。職場では、情を排除！

□文書管理基準があれば捨てられる！

① 勝手に捨ててはいけないものがある

永久保存……… 社史、登記、資産に関するものなど

一定期間保存… 商法 10 年、税法 7 年
法人税法施行規則 59 条は 7 年
労働基準法 109 条は 3 年など

② 自分たちでルールを決める

種　類	書類名	オフィスで保管	書庫で保存	保存期限後
報告書	研修参加報告書	1 年	1 年	廃棄
	議事録	1 年	2 年	廃棄
	業務日報	1 年	2 年	廃棄

Tips 17

捨てられない書類はパソコンに収納

頭ではわかっていても、どうしても捨てられないものだってあります。

セミナーで「捨てられないものは何ですか？」と質問すると、新入社員研修のときに使ったテキストや、指導役の先輩が毎日コメントを書いてくれた日報、がんばって作った報告書など、様々なものが出てきます。

それらを**丸ごと捨てるのが惜しいなら、デジカメで撮影したり、スキャナーで読み込んで、パソコン内にデータとして収納してしまう**方法があります。モノではなくデータですから、置き場所を取りません。

実は私のデスクには、なんと10年以上も大切に保管されていたものがあります。それはファイナンシャルプランナー資格のテキストです。一般職だった頃、少しだけキャリアアップしたくて猛勉強したものです。

でも、デジカメで写真に撮ってデータ保存したので、現物を捨てることができました。すると引き出しには厚さ5センチのスペースが生まれたのです。

データでも思い出は残せるので、ぜひお試しください。

▶ 17 スキャナーでデジタル保存

□画像で残せば机がスッキリ

・使わない可能性が高いが、一応取っておきたい資料

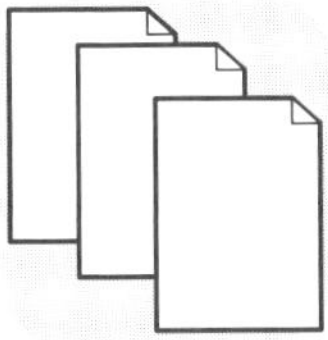

・1 年に 1 回程度しか見返さない分厚い書類

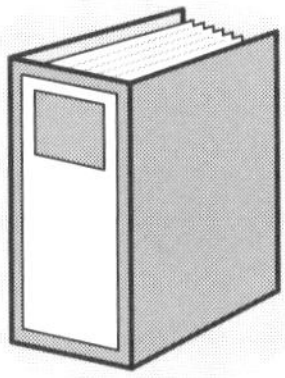

・思い出が詰まったテキスト

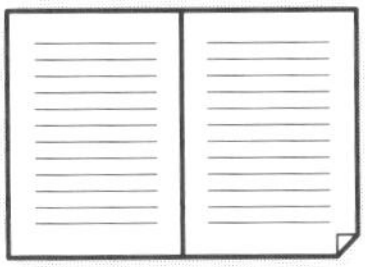

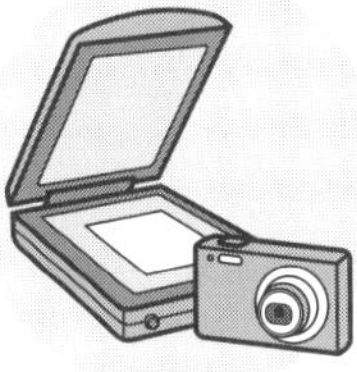

スキャナーかデジカメで保存

パソコンへ

Tips

18

書類は出したら戻す

デスクでは「出したら戻す」を習慣にしましょう。そうすれば、しかかり中のものだけがデスクにあり、キレイをキープできるのです。そのためには**書類やモノの住所を決めておき、「取り出す」「戻す」作業が考えずともできる環境にしておきましょう。**

ある企業では、終業後に上司が部下のデスクをチェックし、電話とパソコン２つ以外のモノがあればイエローカードを置いています。２枚たまったらレッドカード＝トイレ掃除というルールがあるのです。やや子供じみた躾《しつけ》の感はありますが、スッキリ・快適なデスク環境に近づくのは間違いありません。

パソコンも同様で、使わないファイルを開きっぱなしにすると、動作が鈍くなってしまうので留意しましょう。また、**デスクトップに使わないファイルが置かれたままになっていないか、ファイルはフォルダー別に管理しているかも確認**してください。作業効率を高め、ミスを減らすには、こうした地道で当たり前のことこそ大切です。

定型業務だけで、てんてこ舞いでは、成長は望めません。デスクとパソコンをスッキリさせ、クリアになった頭で大切な仕事に集中し、結果を出しましょう。

▶ 18 帰る前に机を片づける

□しかかり中のものだけ出しておく

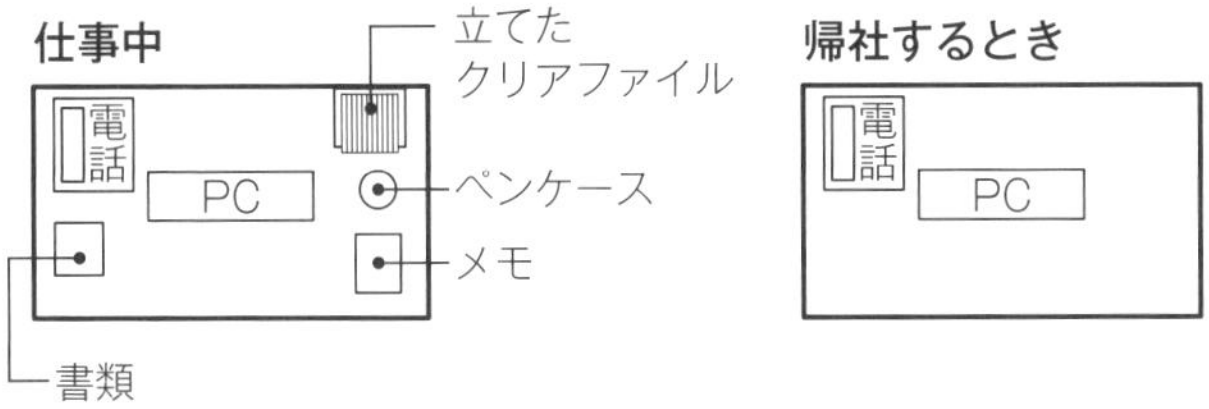

帰るとき電話とパソコンのみ出しておき、書類はしまう。
これを習慣づけるといつでもキレイがキープできる。

□パソコンはメタボになっていませんか？

質問

- ☑ デスクトップは必要なファイルだけ置いていますか？
- ☑ フォルダーを作ってファイルを整理整頓していますか？
- ☑ 文書管理基準を元に古いデータは捨てていますか？

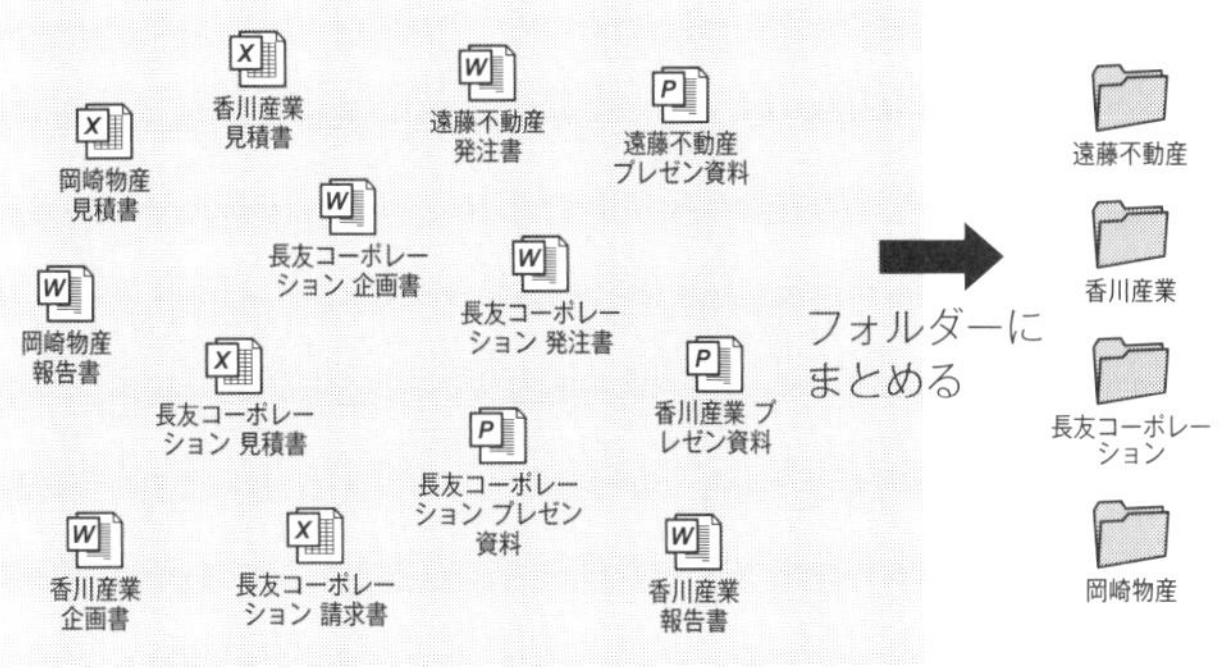

Tips 19

ファイル名には日付をつける

パソコンでファイル名をつけるときは、数字を入れると管理しやすくなります。日付や連番を振れば時系列になるので、フォルダーの整理・整頓もグンとうまくいきます。

逆にファイル名を思いつきでつけてしまう人は要注意。言葉だけ羅列していくとファイル名はどんどん長くなるうえ、後で検索するときに思い出せないこともあります。とくに相手とやりとりする書類は、お互いに内容がひと目でわかるようにしなければなりません。というのは、元データに修正を加えるとき「修正」「再送」「確定」「最終」などのファイル名で送ってくる人がいます。でも、もらった相手は**どれが最新のものだかわかりにくく、誤ったファイルを選んではミスにつながりかねません。**

日付を入れるときは、作成日か実施日にします。私が研修のテキストを作るときは「140425A社テキスト」と実施日を入れています。これは後で検索しやすくなるからです。もし相手に送った後で、修正・再送するときは「140425A社テキスト②」と**お尻に連番を振っています。**

▶ 19 ファイル名は数字で表現

□思いつきのファイル名はわかりにくい

A社企画書確定　　最終版A社提案　　斉藤さんへ　　自信作報告書

どれが最新版なのかわからない。
「修正」「再送」「最終」「確定」……。数字で管理する。

□数字にすると最新版がわかる

① 使う日が決まっている場合

「1X　0515　A社　テキスト」

201X年　5月15日実施する　顧客　種類

セミナーのテキストデータは開催日を入れ、主催者に送っている。
作り手、受け手ともに管理しやすく、後で検索もしやすいため。

「1X0515A社テキスト②」

もし修正があれば、お尻に連番を振って差し換えをお願いしよう。

② 進捗を知らせる場合

「1X0515原稿」　　「1X0601原稿」

作成日を入れると最新版がひと目でわかる。

Tips 20 文房具はひとつずつ

あなたのデスクにはボールペンが何本ありますか？　消しゴムやはさみ、ホチキスはいかがでしょう。もしたくさんあるなら要注意。引き出しが閉まらない、片づかない、必要なモノが見つけにくい。これらの原因は、同じ文房具を数個ずつ持っているからかもしれません。

そこでおすすめしたいのがワンベスト。これは、**引き出しのモノはひとつずつあればいい**という意味です。ひとつといっても安易に考えないでください。デスク周りにスタンバイするものは生産性を左右しますから、品定めが大切です。とくにボールペンは使用頻度が高いので、インクが出るもの、字がキレイに書けるものなど、お気に入りを厳選してください。営業やコンサルタントであれば、お客様の前で使う『勝負ボールペン』を別に用意するのも一手です。

なお、最近では**立つペンケース**も人気です。デスクではペン立てとして使い、商談や研修があればケースごとまとめて連れて行けます。すると、〝どこでもデスク〟に早変わり。ノートやメモが取りやすくなるでしょう。

▶ 20 文房具を厳選する

□モノが見つけやすい引き出しにしよう

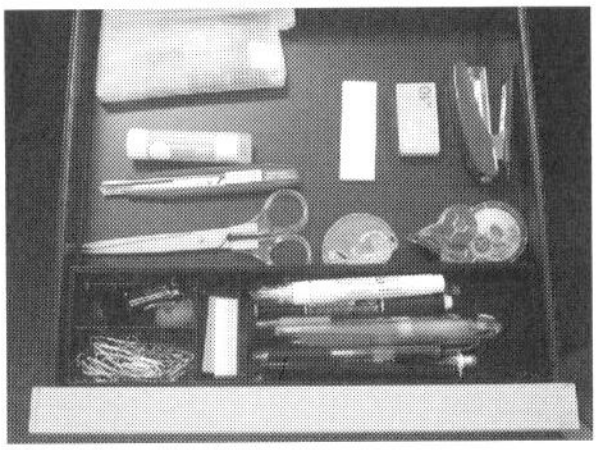

□とくにボールペンは選んで

・インクが出るもの
・字がキレイに書けるもの
・自己投資すればモチベーションアップ！

デスク用
ex.
ぺんてる
エナージェル

事務がはかどる

面談用
ex.
クロス
ミキモト

・イメージ戦略で勝負
・文字入れして自分だけのモノ

□マルチに活躍するペンケース

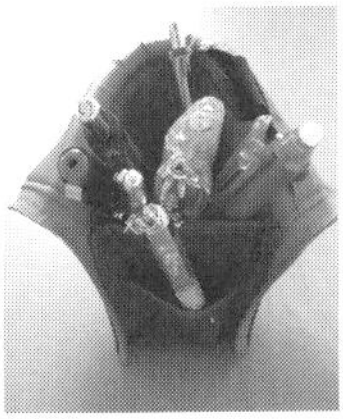

デスクではペン立て

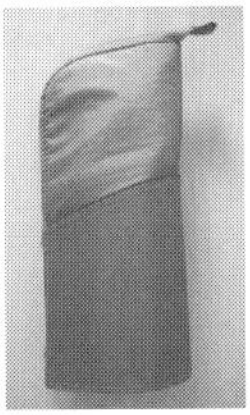

お出かけするときは
ペンケース

研修・セミナーを受けながら熱心にメモする人はこのペンケースを持っていることが多い。

Tips 21 在庫切れをなくすルールを作る

引き出しの中はワンベストが基本。でも、万が一に備えて共有キャビネットには在庫を用意しておきましょう。必要なものは過不足なく。そうでないと仕事が滞るからです。**3定といって「どこに」「何を」「いくつ」でルールを決めておく**といいでしょう。

以前、3定を知らなかったばかりに悔やまれたことがあります。

取引先から「FAXを送るのですぐ見てほしい」と頼まれたのですが、運悪くFAXのトナーが切れたのです。しかもトナーの予備はありません。慌ててトナーの購入できるお店を探したのですが、結局手に入ったのは翌日のこと。先方を丸一日待たせる結果となりました。

「共有備品トレーに」「FAX用トナーを」「常時ひとつ」とストックのルールを決めておくべきでした。

コピー用紙、プリンターのインク、名刺なども「3定」で切らさないようにしましょう。さらに**最小と最大の数を決めて、最小になったら最大になるよう発注**すれば、買いすぎや過剰在庫といったムダ遣いを防ぐことができるでしょう。

▶ 21 3定とは

□在庫切れはミス

・FAXがプリントできない！　・封筒が1枚もない！

・切手がない！　・朱肉が乾いて印が押せない！

□「どこに」「何を」「いくつ」を決めよう

3定の例

種　類	何を	いくつ	発注・購入、保管のルール
店頭ラックに	新商品Xのパンフレットを	最小20～最大40部	残20部になったら、20部発注する
キャビネットに	スズクルのカタログを	1冊	最新版が届いたら、バックナンバーは廃棄する
共有文具トレーに	修正テープを	最小5個～最大8個	残5個になったら、3個購入する

必要なものが過不足なく、在庫管理がうまくいく

□家でもトライ

トイレの棚に　トイレットペーパー　最小2ロール～最大10ロール

どこに　何を　いくつ

3つ目を使用したら補充する

Tips

22 ポーチ収納法で忘れ物をなくす

忘れ物を防ぐには、目的別のポーチを作って管理する方法があります。

私は研修やセミナー、講演会に登壇するとき、パソコンでスライドを上映しながら話しています。そのためパソコン本体の他、必要なアイテムを持参するのですが、もしひとつでも忘れたら進行に支障をきたしてしまいます。

そこで考えたのが「プレゼン用ポーチ」です。１００円ショップで買った透明の袋に必要なものを入れるだけ。レーザーポインター、ウルトラブックからプロジェクターへつなぐ変換コネクター、討議時間を計るタイマーがマストアイテムです。リスク対策として、パソコンが故障した場合に備えて上映用のデータを入れたＵＳＢメモリー、替え電池もあります。

これらを**ひとまとめにしてポーチに入れ、普段はデスクの引き出しにスタンバイ。**外出指令があれば、そのままバッグに入れて出かけています。**透明なので中身が一目瞭然、忘れ物がないかをチェックできる**メリットもあります。

時短で準備でき、忘れ物がなくせるポーチ。仕事の目的に応じて作ってみてください。

▶ 22 透明のポーチを使う

□目的別に小物をひとまとめ

プレゼン用ポーチ

100円ショップで買える「スライダー付収納バッグ」
B7～A4の様々なサイズがあり、おすすめ。

□時短で取り出せ、忘れ物が防げる

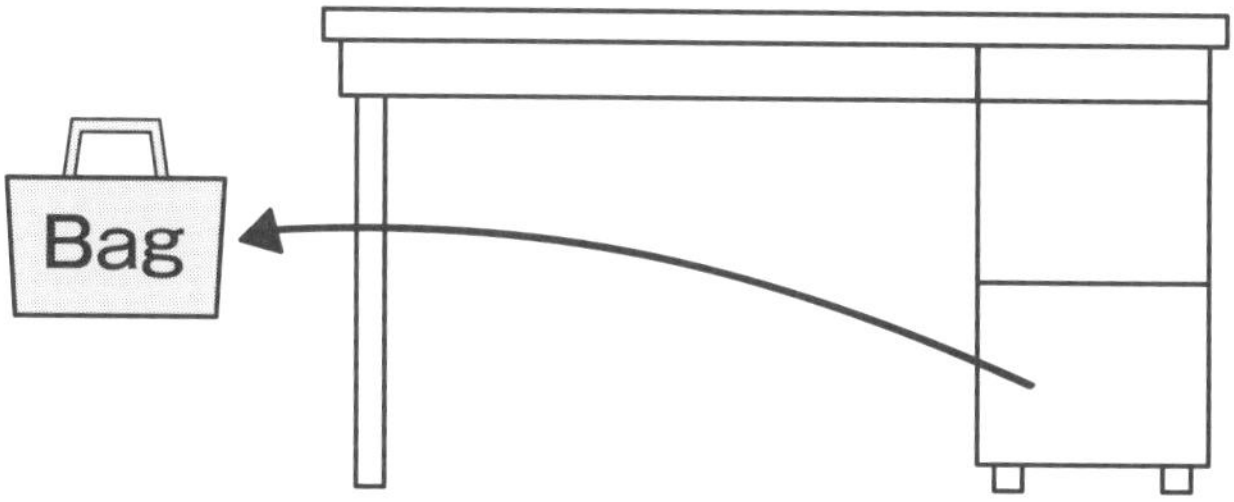

普段はデスクの引き出しに立てて入れ、必要なときに持ち歩く。
社内ならポーチのままで、社外ならバッグに入れて。

Tips
23 出張持ち物リストを作る

業務上出張する機会がある人なら、持ち物リストを作っておくと便利です。**1泊用、2泊用をそれぞれ用意しておきましょう。**

このリストを作れば、忘れ物をなくせるうえ、考えるムダを省くこともできます。出張する都度「何が必要だったかな」と思い出しながらハンカチ、コンタクトレンズ用品、下着が何枚などと荷造りするのは意外と面倒だからです。

また、リストはグルーピングといって、まとめて書いておくと効率的に荷造りできます。洗面用具、薬、化粧品、下着、洋服などの見出しを作った後、具体的に品物と数を洗い出していきましょう。ただ季節や仕事の目的、相手先によって多少持ち物は変わるので、自由記入欄を残しておきます。また、**スマホの電源やめがねなど前日も使用するものは、当日の朝になって入れ忘れないようリストで目立たせるようにしておきましょう。**

いくら全国各地にコンビニがあったとしても、忘れ物は精神的に余裕をなくす一因です。また移動中や仕事中に買い物ができるとは限りません。ですから事前にリストを作っておき、当日の朝は最終チェックを入れる。これで忘れ物を防げます。

▶ 23 荷造りリスト

□荷造りも定型業務のひとつ

見出し	品　物	1泊	2泊
当日入れるもの	めがね		
	新聞		
	スマホの電源		
洗面道具	洗顔フォーム	✓	
	ヘアスプレー	✓	
	ハンカチ	✓	
	ティッシュ	✓	
薬	風邪薬	✓	

前日まで使ったり、当日朝入れるものは一番上に書いて目立たせる

入れたら ✓

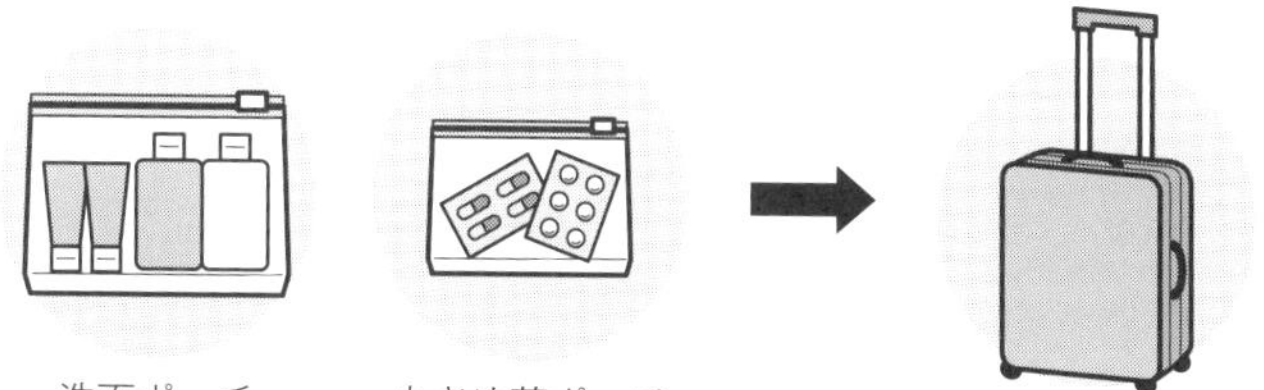

洗面ポーチ　小さめ薬ポーチ

月に一度は出張するなら、普段使うものとは別に出張用に使う目的別ポーチを作り、旅行用 bag やカートに入れたまま収納しよう。荷造りが早くできる。

第3章

メモ・ノート編

Tips

24 メモと筆記用具はいつも携帯する

大事なことは記憶に頼らず、記録をしてウッカリ物忘れを防ぎましょう。メモと筆記用具はいつでもスタンバイできるよう、身体の一部のように携帯してください。**指示を受けるとき「書くものがありません。席へ取りに行きます」では遅い**のです。また、アイデアが浮かんだとき、瞬時に書き留めておかないと思い出せなくなります。知的財産は宝物ですからムダにしたらもったいない！　外出するときも、忘れずにバッグの中にメモと筆記用具を入れておきましょう。

メモは、使いやすいものを選ぶといいでしょう。**ミスをした書類の裏紙で作る場合もありますが、ゴミ箱に捨てても問題ない紙だけにしてください。**メモは手で切り刻んで捨てても、シュレッダーにかける人は少ないからです。

私の場合はリーガルパッドというメモ帳を愛用しています。デスクに置いても邪魔にならないサイズですし、赤と黄色が目立つので、すぐ見つかります。ピリピリ破けるので1枚だけ切って持ち歩くこともでき、重宝しています。

▶ 24 いつでも、どこでもメモれる方法

□ボールペンは身体の一部

女性は制服なら胸元にペンをさせるが、私服だと身につけにくい。
お困りの人はネックレス型ボールペンがおすすめ！
いつでも携帯できる。

□使い勝手のいいメモを選ぼう

・ピリピリ破けるメモ
・デスクで邪魔にならないサイズ
・裏紙を使うなら、情報ろうえいに気をつけよう

Tips
25
連絡メモに優先順位を書く

連絡メモは、名指し人が不在で、代わりにあなたが電話応対や来客応対をしたときに記入します。このメモによってコミュニケーションミスが防げたり、同僚とのチームワークが強化されるので、侮ってはいけません。

では、「メモの書き方」「伝え方」を説明します。まずはメモの書き方です。ぜひ**「読む」より「見る」メモにしてください。**６Ｗ３Ｈで要点を正確に、ダラダラと文章にするより箇条書きでスッキリさせるといいでしょう。忙しい人もパッと見るだけで理解できるからです。**緊急・重要案件であれば赤字や大きな字で書く**など、とにかく目立たせます。

次に伝え方です。メモを書いたら、すぐ相手の机の目立つ場所に置きます。「後からまとめて渡そう」と自分の手元にためておくと、なくしたり渡しそびれたりするからです。

メモを置きに行ったときに、他のメモがあった場合、並び順を変えてみてください。時間順でなく優先順位の高いメモを前にするのです。外出先から戻った人が、すぐに大事な仕事に取りかかれるように段取りを整えておきましょう。さらに口頭で「至急はこれです」「お手伝いしましょうか」と添えれば、チームワークも高まることでしょう。

▶ 25「読む」よりも「見る」メモ

□メリハリのあるメモを書く

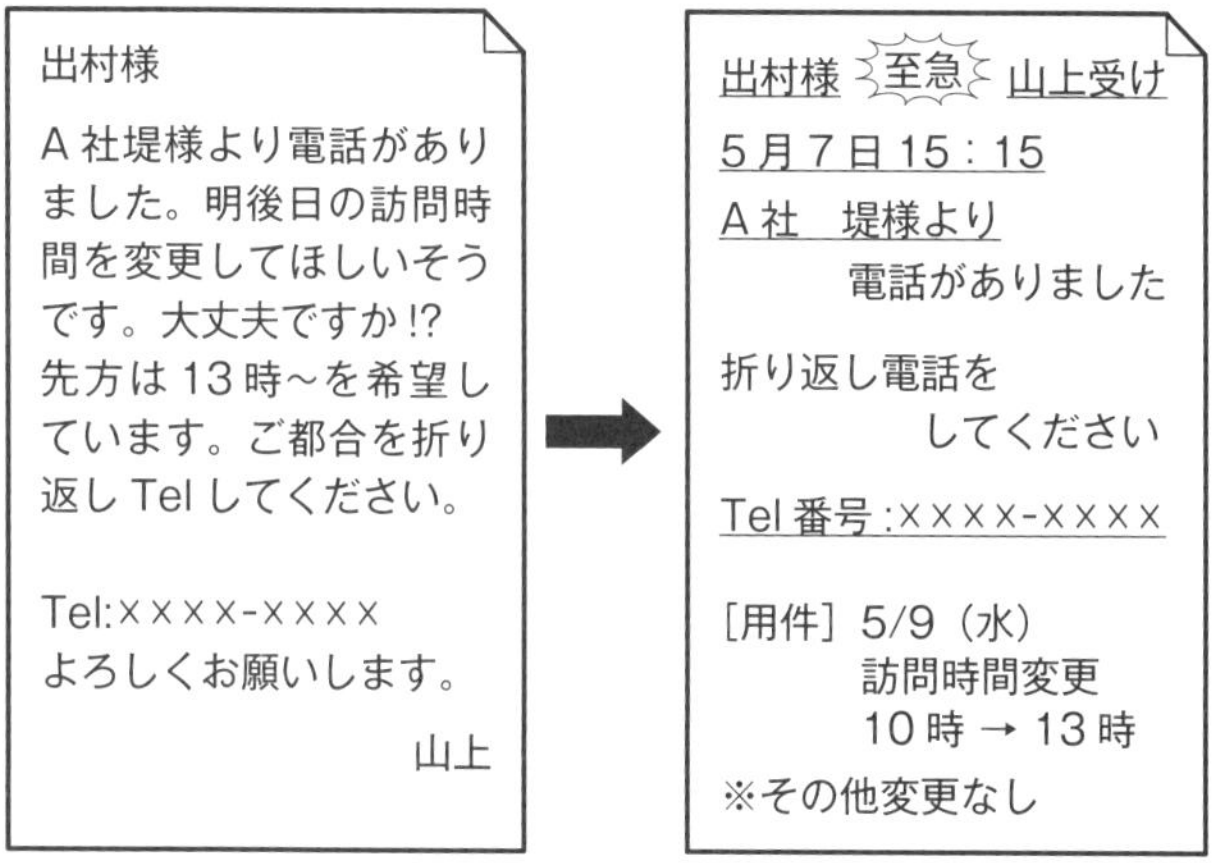
出村様
A社堤様より電話がありました。明後日の訪問時間を変更してほしいそうです。大丈夫ですか!?
先方は13時～を希望しています。ご都合を折り返しTelしてください。
Tel:××××-××××
よろしくお願いします。
山上
出村様
至急
山上受け
5月7日15：15
A社　堤様より
電話がありました
折り返し電話を
してください
Tel番号:××××-××××
［用件］5/9（水）
訪問時間変更
10時 → 13時
※その他変更なし

□メモの渡し方NG3ヵ条

- ✕ 後でまとめて渡す → 他の書類に紛れる／渡し忘れる
- ✕ 上に重ねておく → 気配りなし／チームワーク低迷
- ✕ 渡したら知らんぷり → たてわり意識／個人主義

Tips
26
メモの紛失防止！

メモで怖いのは、紛失することです。

小さなサイズの軽い紙ですから、デスクの近くを人が通り過ぎるだけで飛んでしまうこともあるでしょう。また、書類の散らばったデスクに直接置いてしまうと、他のファイルに紛れ込むこともあります。

そこでおすすめしたいのが、メモ用グッズです。**ペーパーウエイト（紙が風などで飛ばないように押さえる重し）や、ペーパースタンドをぜひ手に入れてください。**

私は「マーブルスタンド」という手のひらサイズのペーパースタンドを長年愛用しています。これは紙1枚でも立つ優れもの。メモを立てておけば、なくなる心配はありません。さらにA4サイズでもキチンと立つので、しかかり中の書類を立てておくときも重宝しています。

ペーパーウエイトを使用した場合、メモを見ながら作業がしづらいので、できればペーパースタンドを使用しましょう。

やはり**紙は寝かせるより立たせた方が見やすくなり、仕事がはかどります。**

▶ 26 メモは立たせる

□メモ用のグッズを使う

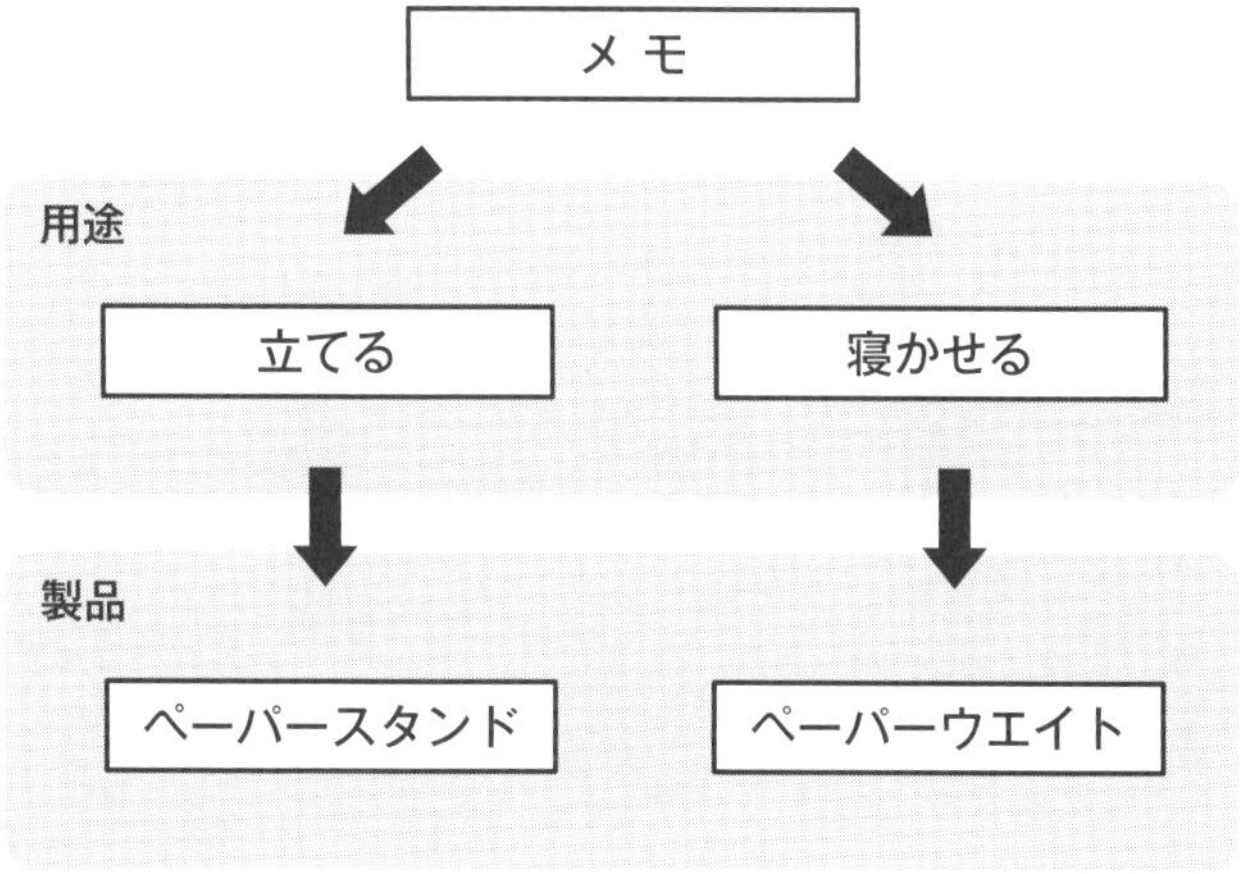

□ペーパースタンドは役に立つ

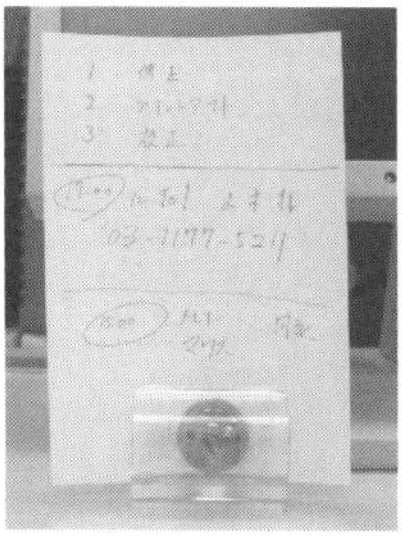

メモを立てる

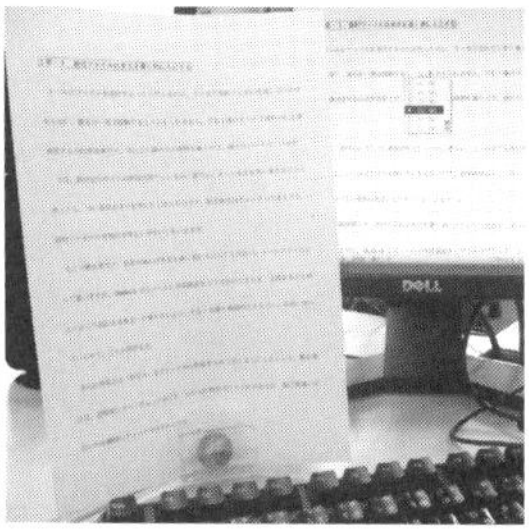

書類を立てる

Tips

27 『帝国ホテル流』マイごみ箱

帝国ホテルでは、お客様が「間違って捨ててしまった！」というミスに対処できるよう、ゴミ箱の中身をチェックアウトの後にもう1日保管するそうです。以前メモをなくした宿泊客がいたのですが、ホテルの対応に助けられたという逸話があるくらいです。

日頃「オフィスの整理整頓セミナー」を担当すると、参加者の皆さんから様々なお悩みを聞きます。やはりモノが捨てられない人が多いのですが、少数派ながら「必要な書類まで勢いよく捨ててしまうので、困ることがあるんです」という話も聞きます。

そこで実践したいのが、マイごみ箱を作ることです。**「いらない」と思った書類やメモはいったんマイごみ箱に入れ、1日～数日間保管**しておきましょう。**入れるのは紙ゴミだけ**で、ペットボトルなどは入れません。

シュレッダーにかけたり、共有のゴミ箱に捨てると書類は元に戻りませんが、マイごみ箱にあればセーフです。とくに下書きのメモ、経費請求するレシートなどは誤って捨てやすいようです。

本当にゴミなのか、もう一度チェックしてから捨てましょう。

▶ 27 捨てるのちょっと待った！

□紙ゴミはマイゴミ箱に捨ててから

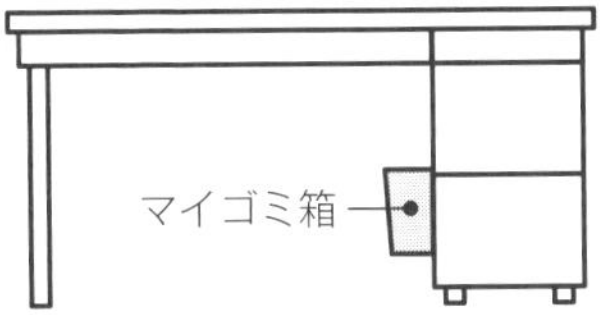

・マグネット式など取り外せるもの
・床に置くより場所をとらない

「3日後」、「ゴミ箱がいっぱいになったとき」、「しかかり中の案件が終わったとき」に共有ゴミ箱に移すか、シュレッダーにかける。

□誤って捨てやすいモノ

電話を受けたとき、
なぐり書きをした下書きのメモ

後で経費請求しようとした
レシート

Tips
28 ノートは1案件1ページ

ビジネスパーソンにとってノートは必須アイテムです。仕事を教わるとき、報連相をするとき、打ち合わせで記録するとき、アイデアを出すときなど、マルチに活躍しているはずです。小さなメモに書く人がいますが、書くスペースが少ないですし、書いたメモをなくしてしまう場合もあるのでノートを使いましょう。サイズは書類やファイルと同じくA4にすれば、デスクの中でも管理しやすく迷子になりません。

また、ノートを書くことに一所懸命な人がいますが、**目的は「後で見返して仕事に役立てること」**。ですから必要な記述を探したいとき、すぐに見つけられるようにします。

そこで「1案件につき1ページ」にトライしましょう。もちろん2ページ以上にわたる案件もあるでしょうが、空白ができてもケチらず、**次の案件を書くときはページを変えてください。**

さらにインデックス式の付せんを準備し、案件やテーマ、日時などを書いてページにペタっと貼ることをおすすめします。この見出しがあれば、どこに何が書かれているのか一目瞭然！　書くだけでなく役立つノートを目指しましょう。

▶ 28 ノートを無駄遣いする

□ノートの目的を間違えない

× 書くためのノート

書くことに一所懸命で
その後は見ない

○ 見るためのノート

後で見返すと役に立つ

□1 案件 1 ページ＋インデックス

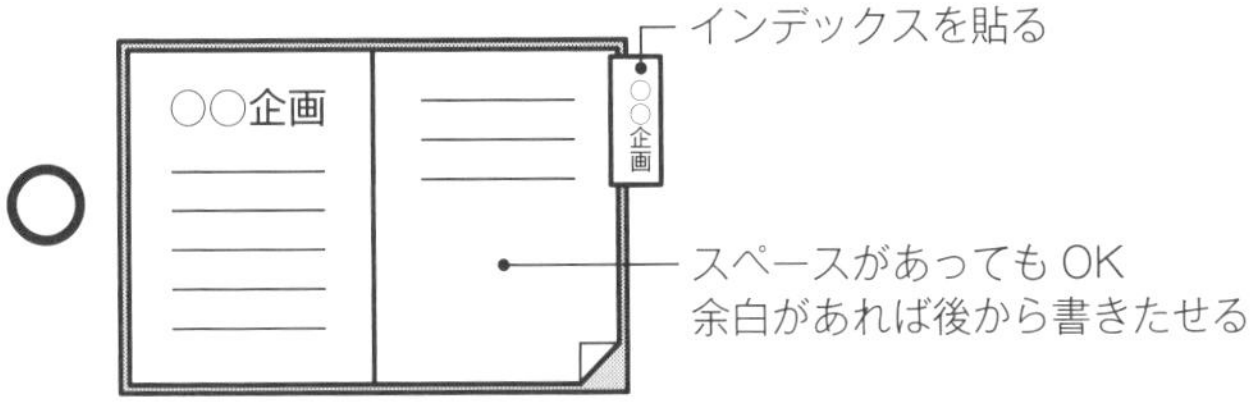

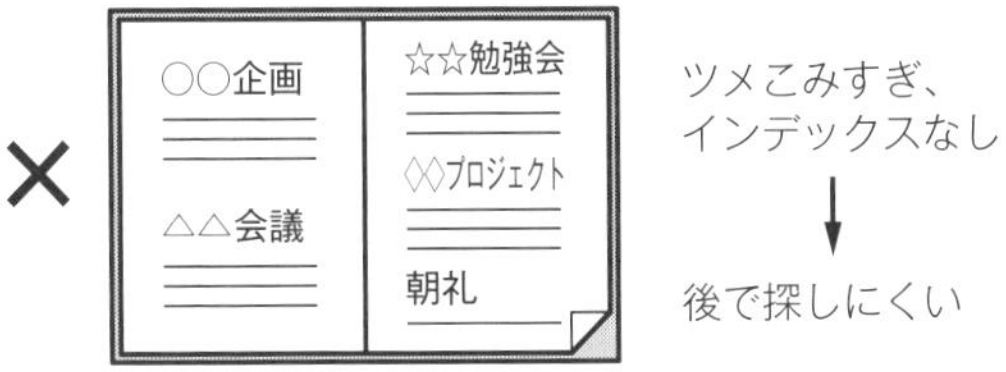

Tips
29 社外の人と会うときは『カルテ式ノート』

営業などで複数の企業とおつき合いする人は、**訪問時にレポートパッドを使う**ことをおすすめします。というのは、他社の人と対面するとき、何気なく持ち物を見られることがあるからです。ときに**ノートは、ページをめくるとき他の情報が見えてしまいます。**実際、相手のノートに当社と競合他社の比較情報が書かれてあり、気になったことがありました。

そこで打ち合わせ中にメモを取るなら、何も書かれていないレポートパッドにしてはいかがでしょうか。会社に戻ったら、ページを切り取ってファイルに入れてください。

そのファイルは『カルテ式』にして管理します。

ご存じの通り、病院では患者一人ひとりのカルテがありますね。診察中、患者は自分のカルテは見えますが、他の患者の情報は見られないしくみになっています。同じように、私たちも**企業別にファイルを作って保管し、訪問するときはそのファイルごと持っていくようにします。**

情報管理ができていれば、相手に安心感を与えることができます。ファイルをサッと取り出して「貴社の仕事に力を注いでいます！」のメッセージも発信しましょう。

▶ 29 情報機密するノート

□ノートから情報はもれる

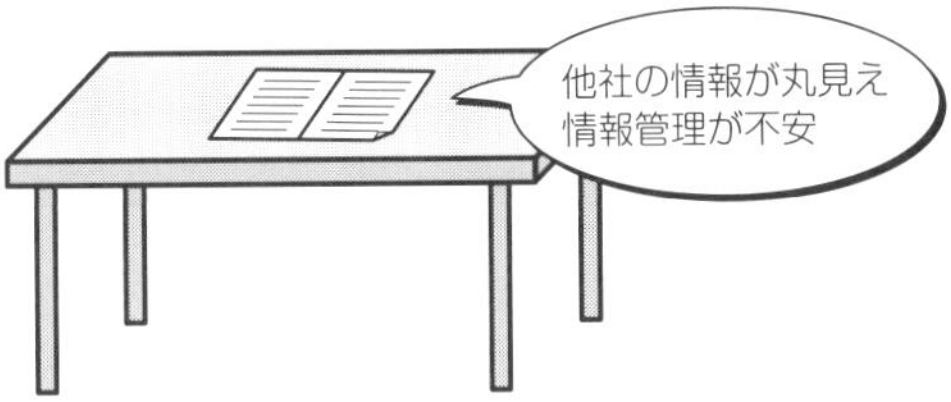

そこで

何も書かれていないレポートパッドにする。

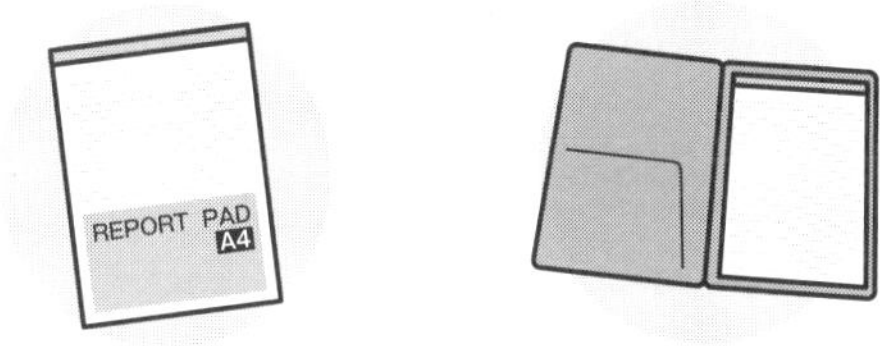

カバーをつけても◎

□切り取ってファイルに入れる

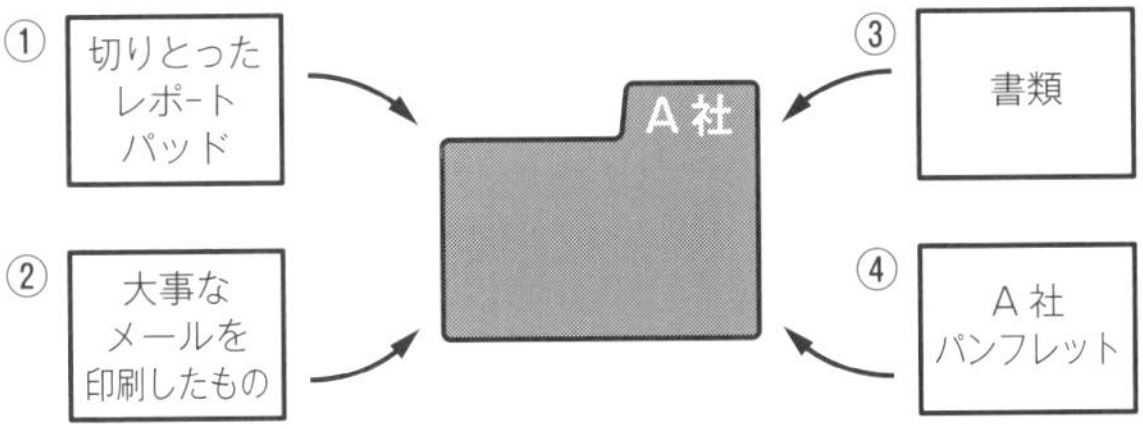

❌ ファイルにどんどん入れていく

〇 手前から奥へ入れる順番を決めておく

Tips 30

指示する人もメモしておく

部下や後輩に、指示をするときは、内容や期限をきちんとメモしておきましょう。そうでないと進捗管理をしたり、万が一のとき対応できなくなるからです。新入社員研修を担当すると、「指示を受けるときはメモを取りましょう」と指導します。でも指示する側になると、口頭だけで済ませ、メモを取る人は少ないように感じます。

あなたの周りにもいませんか？　思いつきで頼んでは忘れてしまう、急に方向転換する、話がコロコロ変わる人たちが。私はそういう人と仕事をすると、正直言ってうんざりします。そんな困ったちゃんとつき合ううちに、彼らは共通してメモを取っていないことに気づきました。

指示するなら責任を持ちましょう。指示した内容や納期を自分の手帳やノートに書いたり、送信メールを保管しておくだけで十分です。**記録すれば「調子はどう?」と進捗状況を確認したり、アドバイスもできる**ようになります。

一方の部下や後輩は「自分のことを気にかけてくれている」と思ったなら、きっとあなたに信頼を寄せます。ぜひ指示とフォローはセットと心得ておきましょう。

▶ 30 信頼される指示の仕方

□嫌われる指示の出し方

1. 頼んだことを忘れる

主任、先日頼まれた
レポートを作りました。
そんなの
頼んだっけ？

2. 急に方向転換する

昨日はＡ案って
言ったのに……
至急Ｂ案の
企画書を作って。

3. 話がコロコロ変わる

いつも
ふり回されるよね。
イベントは中止だ！
でもやろうかな？

□指示、お願いするなら記録しよう

7/4（水）12時締切りで
Ａ案の企画書を作ってほしい。
ハイッ。

Tips
31 会話のネタは付せんに書く

営業先や得意先で「聞き忘れ」や「言い忘れ」をすると、訪問後に電話やメールをしなければならず二度手間となります。

しかも相手の時間を奪うので迷惑がられるかもしれませんし、「あの人は忘れっぽい」の悪評が立てば、「信頼できないから他社に変えよう」とお客様が離れていく可能性もあるので注意してください。

「○○さんなら任せて安心」と言ってもらえるように、準備してから出かけましょう。

訪問する前は、会話のネタを考え、付せんに書いておくようにします。

といっても備忘録なので、必ず質問すること、こちらから伝えることを箇条書きするだけで十分です。

付せんはメモを取るレポードパッドに貼る他、見られたくないなら手帳に忍ばせておくのもいいでしょう。いずれにしても会話をしながら、ときおり付せんをチラッと見て確認してください。

話し終えた項目は『レ』を入れていけば、会話の忘れ物がなくなります。

▶ 31 話すことを忘れないようにする付せんメモ

□会話のネタを考えておく

- 相手の役立つ情報
  - 「今朝の新聞によれば……」
  - 「お役立ち文具を見つけたんです」
- 共通するネタ
  - 「横浜においしい焼肉屋ができました」
  - 「先日の日本代表の試合ですが……」
- 笑えるネタ
  - 「私の失敗談を聞いてもらえますか？」

□付せんにキーワードを書いておく

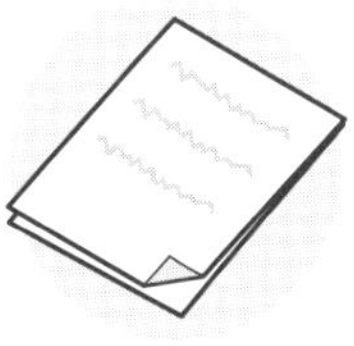

Tips

32 名刺交換したら余白にメモ

名刺交換は、ともすれば儀礼のように行われます。でも、目的は『ビジネスチャンスに活かすこと』。そこでデスクに戻り次第、余白にメモ書きをしましょう。初対面の日時、場所、案件、紹介者、話の内容を基本にし、さらに趣味や家族構成など、先方が自分からプライベートの話題もしたなら書き添えておきます。

その後、再会するチャンスが訪れれば、その名刺を持って出かけましょう。これは**社名や名前などの情報を間違いなくインプットしてから相手に会う**ためです。これで記憶違いがなくなります。

ところで、先日ある人と再会したとき、名刺に書いた「ダイビングが趣味」というメモに助けられました。再会するまで2年ほど経過し、顔さえハッキリ思い出せないくらいでしたが、「最近もダイビングをなさっていますか」と質問することができたのです。すると「そんなことまで覚えていてくれたんですね」と喜ばれ、話が弾みました。

ほんの少し手間をプラスするだけで人間関係は豊かになります。名刺が単なるビジネスツールを超えて出会いの切符、末永いおつき合いのはじまりになるよう活用したいものです。

▶ 32 再会したときに役立つ名刺のメモ

□デスクに戻ったら仕入れた情報をメモ

名刺の裏面

初対面：201× 年 8 月 4 日（木）
案件　：「OA 機器」採用担当者
紹介者：人事部　小崎様
経歴　：2007 年入社
　　　　大阪営業部 3 年
　　　　千葉総務部 4 年
趣味　：ダイビング

※ 裏面も印刷されていたら余白に書く

書いてはいけないこと（万が一落とした場合に備えて）

メタボ気味　バツ 2　など

体の特徴や他人に知られたくないことは NG

□再会するとき名刺を持っていく

名前や情報を間違えないようにインプット

ダイビング
なさっていますか？
よく覚えていて
くれましたね。
夏休みは沖縄で…

顔は思い出せなくても、話が弾む効果あり。

Tips 33

修正や改善点に気づいたらその場で直す

提出する前、書類を何度もチェックしたのに、後から誤字脱字やケアレスミス、改善したい点を見つけることがあります。

私の場合ですと、研修やセミナーのテキストを作ることが多いのですが、登壇中にミスとは言えないまでも、「もっとわかりやすくするために次回は変更したい」箇所を発見することがあります。そのとき「帰ってから見直そう」「次の依頼があってからで間に合うだろう」と先送りすると、時間が経つにつれ記憶が遠のいてしまいます。もしデスクに修正する書類を積み上げておいたなら、だんだん億劫にもなるでしょう。

気づいたらすぐにその場で修正！ これが基本です。できれば当日、遅くとも翌日にはデータを直してしまいましょう。**発表中や商談中であれば、相手に気づかれない程度に赤字や付せんで印をつけておき、デスクに戻ったらすぐに元のデータを修正**してください。

そして修正を終えたら、使用済みの書類とデータそれぞれに修正日を記録しておきます。すると次回はミスを探す作業が減るので楽になります。ミスは早いうちに芽を摘んでおくこと。そして次回はノーミスを目指しましょう。

▶ 33「すぐに修正」が次のミスをなくす

□ミスや修正する箇所はその場で付せんかメモ

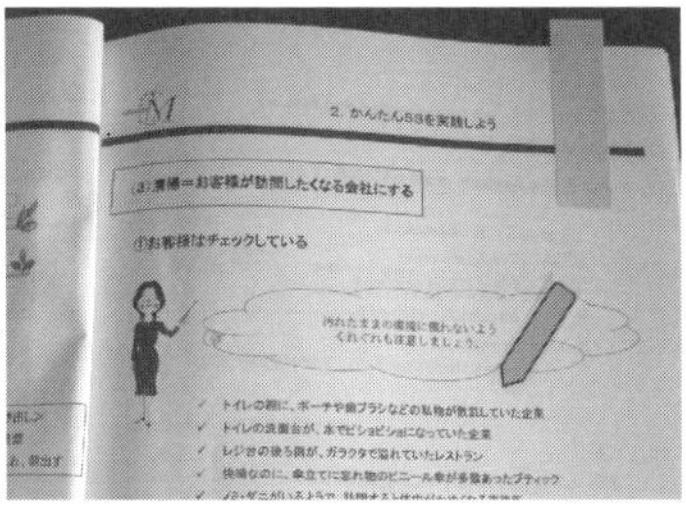

・赤字で修正し、ページ上に付せんをつければ
　全ページ見直さなくて済む

・人前などで修正しにくければ、付せんを貼るだけでOK

□当日か翌日に一気に元のデータを修正

これで次回はミスなし

データの件名を変更
「1X0205text」→「1X0205text 修正（0206）」

修正したことがわかるようにしておく。

Tips
34 発表用メモは文章にしない

「どうしたら人前でうまく話せるようになりますか?」という質問をよく受けます。緊張して頭が真っ白になったり、プレゼンで他社に負けたなど失敗談もよく聞きます。

私がアドバイスするなら、**発表用メモは文章にしない**ということです。

司会、発表、プレゼン、研修をするとき、こんな風に紙に書く人がいます。「皆さんおはようございます。今日はお忙しい中お集まりくださりありがとうございます。私は…」。このような文章にしてしまうと、紙を手に持ちながら目線は文字を追い、読み上げるスタイルになります。緊張すると手は震え、早口になり、聴衆の様子を窺う余裕などありません。これでは、いかにも慣れていない不自然な印象を与えてしまうのです。

発表用メモは**項目やポイントを箇条書きしておくだけで十分**です。何度かリハーサルをすれば、後は度胸です。

目線は聴衆へ。たとえ言葉がつかえても「失礼しました」とイチイチ言わずに先へ進めてください。そのときお守りになってくれるのは、演台やデスクに置いたメモです。ときおりチラッと確認するだけで、言い忘れを防ぐこともできるでしょう。

▶ 34 キーワードだけ書く

□メモは箇条書きにする

○

・挨拶
・商品説明
　特徴１　小さい
　特徴２　軽い
　特徴３　速い
・他社との比較
・値段
　⋮

×

おはようございます。○○社の山本太郎です。
本日はよろしくお願いいたします。
今回ご紹介する商品は、…
……………………………

□話の内容と同様にあなたの姿も評価される

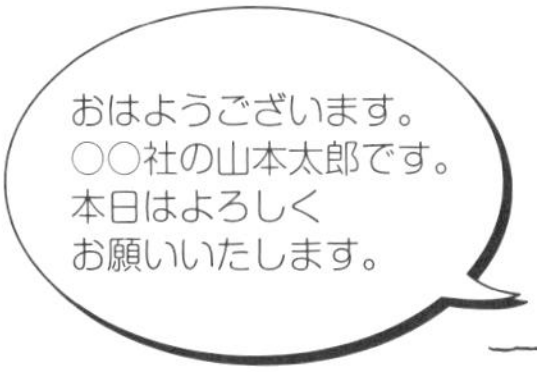

目線はできるだけお客様へ
相手を見て二方向の
コミュニケーションをする。

Tips

35 議事録で証拠を残す

社内の会議で話し合ったことは、きちんと記録しましょう。２人以上で仕事を進めるときは、目に見えないものを文字にして証拠に残す。これが「言った」「言わない」のミスを防ぐ秘訣です。

会議に出るとき、多くの人は自分のノートに大切なことを書いたり、ホワイトボードの内容を写したりします。でも、一人ひとりが違う記録をすると解釈が変わり、後になって混乱するリスクがあります。

そこで、おすすめするのが議事録です。１人が議事録を作って、みんなに配りましょう。議事録といっても難しく考えないでください。**Ａ４・１枚の表形式でテンプレートを作っておき、空欄に箇条書きすれば十分**なのですから。

とくに重要なのが決定事項で、これさえ間違えなければ安心です。また「懸案事項」は宿題の意味で、**「いつまでに」「誰が」「何をするのか」をハッキリさせましょう。**

議事録があれば、人による記憶違いや解釈のズレ、宿題のウッカリ忘れを防げるようになります。

▶ 35 議事録のテンプレート

□モレがないように記入する

○○会議　議事録	日時	場所	
議 題			
出席者			
決定事項			
【討議事項】			
懸案事項			
配布先			
作成日		作成者	

討議の経過よりも結論を先行（決定事項）

宿題の意味（懸案事項）

その他のポイント

- 記憶が曖昧な箇所は、出席者に確認をしてから記載する
- 議事録は会議終了後、遅くても 24 時間以内に作成する
- 最後に会議の責任者に確認をとって、関係者全員に配布する

第4章

コミュニケーション・報連相 編

Tips

36 指示は6W3Hで聞く

指示を聞くときの大切なポイントは3つあります。それは**「メモをする」「質問があれば確認する」「復唱する」**です。まず、上司の指示はメモをしながら、さえぎらずに聞きます。もし質問があれば、指示を聞き終えてからにしましょう。最後には復唱をして、間違いがないことを確認してから仕事に取りかかります。**「はい」「わかりました」だけでは、本当に理解したのか上司は判断できません。**

知人の会社で起きたミスをお話ししましょう。その企業は年間200万円の契約を失いました。原因は指示の確認不足にあります。上司が「A社に書類を送っておいて」と指示をしたら、部下は顔なじみの担当者に送りました。でも、内容は機密情報のため、正しくは社長に届けるべきでした。指示をした上司は、当然社長宛に送るだろうと思い込んで、わざわざ言わなかったのです。案の定、先方の社長は激怒し、契約は打ち切られました。

指示を受けたとき、「誰に送るのですか」と確認したら防げたミスです。**上司はすべてを言葉にしません。**だから6W3Hで確認する！ チェック表を作り、わからない項目は遠慮せずに質問してください。

▶ 36 わからなければ、必ず確認

□指示の聞き方の基本

・指示の内容をメモする
・指示は最後まで聞く
・質問があれば確認する……6W3H
・復唱確認する

□6W3H メモを作れば、モレている項目、あいまいな項目がチェックできる

「A 社に書類を送って」と指示される

↓

6W	指示の内容	3H	指示の内容
いつ、いつまでに (When)	○/○(○) 12 時必着	どのように (How)	○○運輸の宅配で送る
どこで、どこに (Where)	A 社へ	いくら (How much)	コスト 850 円
誰が (Who)	上司の代理で私が	いくつ (How many)	原本を 1 部
誰に (Whom)	？？		
何を (What)	機密書類を		
どうして (Why)	預かったものを返送するため		

↓

「誰に送ればいいですか？」と質問する

Tips
37 報告はタイミングと順序

仕事は指示にはじまり、報告に終わります。でも「部下が自分から報告してくれない」と嘆く上司は大勢います。一方の部下からすると、きちんと報告したのに……。ということは、報告の有無に加えて報告の質にも問題がありそうです。

報告に必要なポイントは2つです。

まずはタイミング。タイミングを間違えると、いい情報が役に立たなくなったり、早く連絡していれば対処できたことが、取り返しのつかない問題に発展することもあります。

また、話しかけるなら相手も急ぎの仕事はあるので、「○○の報告をしたいのですが5分ほどよろしいでしょうか?」と都合を聞いてみましょう。

そして報告は順序も大切! **結論を先に話してください。**最も重要なのは結論だからです。理由、経過はその後で。時系列でダラダラ話しては、忙しい上司の時間を奪ってしまいますし、何を伝えたいのか最後まで聞かないとわかりません。

なお、報告すべき内容は事実です。**主観や感想、憶測は原則としていりません**が、求められたら自分の考えを話せるようにしておいてください。

▶ 37 喜ばれる報告

□報告は上司の都合を聞いてから

悪い！
来客があるので
11 時からにしよう。
○○の報告を
したいのですが
5 分ほど
よろしいですか？

□話す順序も大切

自分の感想よりも、
事実と結論は何かな？
「先ほど、お客様
から電話がありま
して。
そしたら私、その
話の内容にびっく
りしてしまったん
です……」。

× 時系列

○ 結論 → 理由 → 経過

△ 主観・感想・憶測 → 原則不要
求められたら話せるように
準備しておく

○ 事実

Tips

38

3割進んだところで中間報告する

指示された仕事が完了する前に、途中で行う報告を「中間報告」と言います。中間報告をすれば、上司は先の見通しを立てたり、役割分担を変えたり、緊急時にすばやく対処することが可能になります。ただ、いつ中間報告すべきか迷うこともあるので、必要なときをおさえておきましょう。

まず、ミスをしたときや悪い情報は、すぐに報告してください。自分の失態は隠したいところですが、早ければ早いほど大きなクレームにならずに済むからです。落ち込む前に、反省する前に、とにかく上司へ報告！と覚えましょう。

また、仕事が順調に進んでいても、頼んだ上司は部下のことが気になるものです。そこで**3時間以上かかる仕事を頼まれたら、3割済んだところで中間報告をしてみてください。**一般的には「長期にわたる仕事は5割済んだところ」と言われますが、修正するときの効率を考えると早めの方がいいのです。

それ以外には、**「計画通りに進まないとき」「仕事や人の状況が変わったとき」「自分では判断できないとき」「完成の見通しがついたとき」に自分から報告**しましょう。

▶ 38 中間報告のポイント

□悪い報告ほど早く

□３割進んだら報告

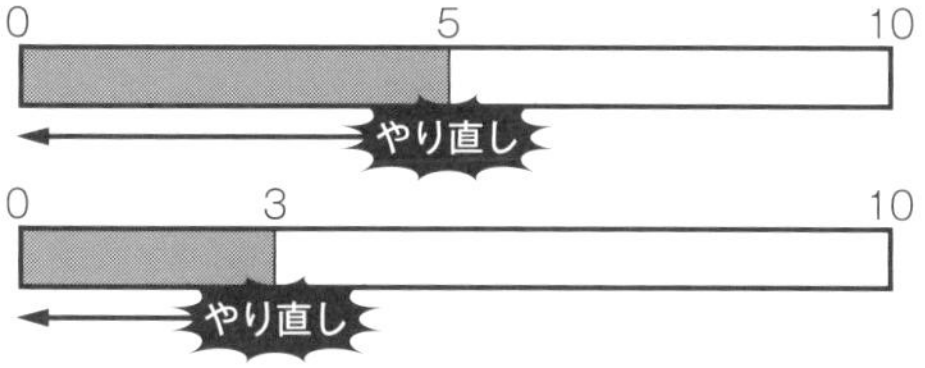

・上司なら３割分を見れば完成をイメージできる
・修正するなら早めの方が楽

□うまくいってもいかなくても報告

「予定より遅れています」
「お客様が締切りを早めました」
「正しいか自信がありません」

「予定通り進んでいます」
「○日に完成できます」

Tips

39 伝え忘れがなくなるナンバリング

報告するときに大事なことを伝え忘れてしまい、追加で報告に行くことはありませんか。原因は、報告する前に何の準備もしていないことが考えられます。「プレゼンならともかく、たかが報告くらいで」と、実は準備をしない人の方が多いのです。

複数の案件を報告するときはナンバリングが向いています。ナンバリングとは話の内容に番号づけをすることです。

例えば、「報告することは3つあります。ひとつ目は……、2つ目は……、3つ目は……」という具合です。**頭の中を整理整頓してからアウトプットするので、説得力が高まるのです。**

さらに報告に行く前は、ノートに「1.……、2.……、3.……」と箇条書きにしておきましょう。ひとつずつ話し終えたときに『レ』をつければ、伝え忘れが減るはずです。

ナンバリングは3つがベストです。3つなら相手の記憶に残りやすく、負担にならない分量だからです。上司があなたの話を聞き終えて質問や確認したいときには、「3つ目をもう一度」などと、ピンポイントでムダのないやりとりも可能になります。

▶ 39 ナンバリングは準備から

□できるだけ3つにまとめる

報告する前に準備しよう

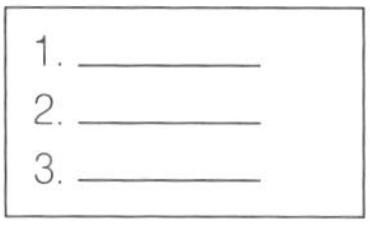

ナンバリングで話そう

「報告することは３つあります。
ひとつ目は……
２つ目は……
３つ目は……」

話し終えたら ✓ をつけていこう

ナンバリングは３つがベスト

大手企業のコンセプトも“３つ”でできているところがあります。

吉野家 「うまい、やすい、はやい」

ユニクロ 「いつでも、どこでも、誰でも着られる」

出張先で寒暖の差があると、ユニクロを探すのですが、すぐ頭に浮かぶのはコンセプトが明確だから。
ナンバリングはMax ラッキー7。15では多すぎてうんざりされる。

Tips
40
言いにくいことは声で伝える

ミスをしたときや約束をドタキャンするとき、メールで連絡することはありませんか？　でも、もらった相手は「せめて電話してほしかった」と、残念に思うのではないでしょうか。

「メールで済ませるなんて自分を軽く見ている」とカチンとくる人だっています。なぜならメールだと表情と声が届かないので、お詫びする気持ちが伝わってきにくいからです。**謝るときは、こちらから出向いて頭を下げる。**それができなければ電話をするのがマナーです。くれぐれも連絡手段を間違えないようにしましょう。

私の取引先には、小さなミスなのに電話をくれる人がいます。そのときは「言いにくい話なのにわざわざありがとう」と感謝すら覚えます。さらにお詫びだけでなく「この借りは必ず仕事で返します！」とつけ加え、有言実行してくれた人もいました。

会社と会社の取引であっても、人と人との信頼関係があって仕事はうまくいきます。たとえ一度はしくじっても次につなげる。こちらがミスすることもあるのですから、「お互い様」と許し合える関係性を日頃から築くようにしたいものです。

▶ 40 気持ちをきちんと伝える

□メールで済ませると失礼になる

言いにくいから、
メールにしちゃおう。
「今日の訪問はキャンセルさせてください」。

ドタキャンをメールで
知らせるなんて無礼だな！
もう、くるな！！

□電話なら気持ちが伝わる

急で大変
申し訳ないの
ですが……
わかりました。
お気になさらずに。

Tips 41

誤解をなくす伝え方

伝え方が悪いため自分と相手の理解が異なり、ミスにつながることがあります。典型的なのは日時で、アポイントメントを取るときは念入りに確認しなければなりません。

まず、**日時の誤解をなくすには、月日と曜日、時間は午前午後法と24時間法の両方で伝えます。**「6月1日水曜日、午後2時、14時ですね」と言うようにしましょう。

お恥ずかしながら私にも失敗談があります。休日に知人の家を訪ねることになり、「7時（シチジ）に伺う」と言ったのですが、相手は「1時（イチジ）」と聞こえたそうです。夕飯をごちそうになるつもりが、先方は昼食を準備して待っていたそうで、携帯電話が鳴ってミスが発覚しました。

また、**「週末」「週明け」「朝イチ」「昼過ぎ」「夕方」などの言葉も誤解のもと。**人によって解釈が変わる言葉は、できるだけ使わないようにしましょう。

なお、変更や修正の連絡は対比法が向いています。例えば、「5月10日水曜日から、5月11日木曜日、午前10時に変更します」というように、ビフォー・アフターで変更前と変更後の情報を伝えておけば、『違い』が明確になります。

▶ 41 わかりやすい伝え方

□日時を伝えるときのポイント

7月5日	水曜日	午後2時	14時ですね
月 日	曜 日	午前午後法	24時間法

□あいまいな言葉は使わず、数字にする

夕方頃
訪問します。
私も予定が
あるのに……
夕方って何時？

電話の後でメールも送ると確実でミスがなくなる。

□変更や修正はビフォー、アフター で

場所	第3 → 第1会議室
フォント	明朝 → ゴシック
担当者	中村 → 今泉

Tips
42 自己判断すると危ない

上位者に判断を仰がず、独断で進めてしまうとミスにつながることがあります。

独断しやすい2つのシーンを挙げると、ひとつ目は優先順位のつけ方です。**限られた時間に段取りよく仕事をこなすには、着手すべきものを間違えてはなりません。**

でも、指示が重なったり、複数の案件を同時進行していると、優先順位に迷うこともあるはずです。そのときは、上司や先輩に優先順位を確認してみてください。大事な仕事を先送りしてしまうと、納期遅延やクレームになりかねないからです。

とはいえ、毎回答えを丸投げする相談は、相手の負担になります。まずは自分で考えてから、「優先順位はこれでよろしいでしょうか」と確認する相談に変えましょう。

2つ目は社外との交渉です。先方から値下げ要求や無理難題を言われたとき、安請け合いすると、後々取り返しのつかないことがあります。後で「やっぱりできません」と言えば、信用はダウンしてしまいます。ですから**自己判断できなければ即答せず「内部で検討します」と答える習慣を身につけましょう。**

目先の仕事より、末永くおつき合いできるwin-winの関係を築くようにしてください。

▶ 42 相談上手になる

□自分の考えを確認すれば喜ばれる

課長
どうしたら
いいですか？
(心の声)
たまには
自分で考えて
ほしいな……

このように
対応して
よろしいですか？
問題ないよ。
がんばって
くれたまえ。

□安請け合いしないで

ノルマがあるんでしょ。
今日契約するから
値引きしてよ。
内部で
検討します。

口ぐせにするとよい

「持ち帰って検討します」
「上の者に確認してからお返事します」
「私の一存では決められませんので、即答いたしかねます」

とくに成績不振、ノルマ未達成のときは目の前にあるエサに飛びつきたくなる。後々クレームにならないよう慎重に対応しよう。

Tips
43 ときには「できない」と言っていい

責任感のある人が陥りやすい罠。それは「NO」と言えないことです。

でも、あれもこれも引き受けてしまい、締切り間際になって「できません」となれば、指示した人はこう思います。「できないなら最初から言ってくれればいいのに」。

これは作り話でなく、管理職の方からよく聞く不満です。

その後、指示した人や同僚が放棄された仕事を引き受け、慌ててこなすと「やっつけ仕事」になったり、確認が不足してミスを起こしやすくなります。いくら仕事ができる人でも、状況によって仕事の質は下がってしまうのです。

ですから結果的に迷惑がかからないよう、ときには断るのもありです。

もちろん指示は受けるのが原則ですが、**できるか不安なときは、今抱えている仕事の状況を正直に話してください。**そのうえで判断を仰ぎましょう。

私は自分にできる仕事量を超えたら、新しい依頼を断っています。**中途半端に引き受けて相手の期待値を下回れば、指名してくれた人に迷惑をかけてしまう**からです。

断ることに罪悪感を持つよりも、仕事の質を上げることを優先しましょう。

▶ 43 安請け合い禁止

□自分キャパシティーを考える

これ、
至急やって！
終わらない……

できないなら、
早く言ってほしいな……
やっぱり、
できません
でした。

自分の能力と仕事の量を把握していないと、
全ての仕事が中途半端になる可能性も。

□抱えている仕事を伝える

明日なら２時間お手伝い
できるのですが、
今日は○○の締切りで
できそうにありません。
了解！
今回は他の人に頼むわ。
次回はお願いね！

Tips
44 自分の行動を見える化する

あなたが「どこで」「どんな仕事をしているのか」職場の人たちへ知らせるしくみを作りましょう。

あなたが離席や外出をしているとき、居場所がわかるようにしておけば、留守番の人が代わりに電話対応をしてくれたり、至急の場合はすぐに連絡を取ってくれるからです。

見える化しないと、不在時に同僚がフォローできません。「担当は○○ですので、私にはわかりません」と平気で答える人も出てきます。このままですと仕事は属人化し、すべてを自分でこなすことに。仕事量が増えてレスポンスが遅くなるなど、あっという間に顧客満足度は下がるでしょう。

行動を見える化するときに便利なツールがあります。それは、**ホワイトボード、日報や週報**です。ホワイトボードはメンバー全員の行動が一覧化できるメリットがあります。ただし、**設置する場所によって機能しなくなることもあるので、出入口付近にしてください。**オフィスの奥ですと書き忘れたまま慌てて出かける人がいるからです。

また、日報を書けば今日の業務報告と明日の行動予定がセットで伝えられます。

▶ 44 お互いの行動を共有する

□お互いの状況はホワイトボードで確認！

ホワイトボードは出入口の近くに置くこと！
出かけるときの書き忘れを防げる。

□上司には業務内容まで伝える

日　報

201X年6月1日(月)	斉藤 一
6月の目標	
本日の報告	
明日の計画	
上長コメント	

週　報

	佐藤	田中	渡辺
6/1(月)			
6/2(火)			
6/3(水)			
6/4(木)			
6/5(金)			
備考			

部下全員分を取りまとめられれば上司は楽。

Tips
45
メンバーと情報共有するなら会話

静まりかえったオフィス、聞こえるのはパソコンを打つカチカチという音。同僚が目の前にいるのに話さず、メールし合う職場があります。

何でもかんでもメールで送るべきではありません。同じ職場で情報共有するなら会話の方が効率的です。**会話にすれば2wayとなるため、「伝えたつもり」のコミュニケーションミスが防げます。急ぎの質問や確認したいことがあるときは、都度行うべきです。**

報告にいたっては、口頭でするのが基本です。ただ、案件によっては、文書やメールもセットにすべきです。

例えば、複雑な内容や数字を報告するときは、データや表、図解で見せると一目瞭然で理解してもらえるでしょう。口頭だけでは勘違いや言い間違い、聞き間違いなどが起きることもあります。

口頭と文書のダブルで報告する際は、口頭が先、文書は後にするとベターです。概要を話し、詳細は文書で見せるという作戦です。全体から部分へと報告できるので正しく理解してもらえます。

▶ 45 CC メールは読まれない

□CC で大勢に送っても読んでもらえない

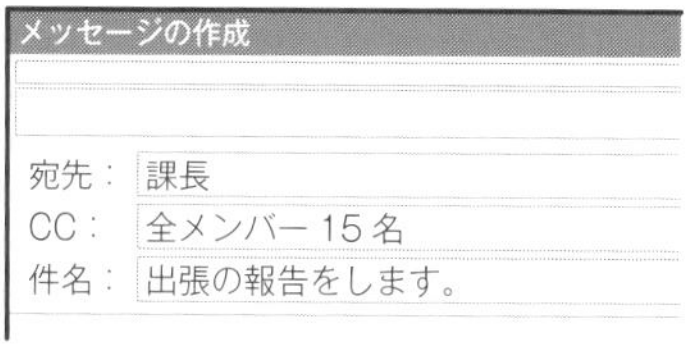
メッセージの作成
宛先： 課長
CC： 全メンバー 15 名
件名： 出張の報告をします。

CC メールを送って情報共有していないか？

CC で受信した人は返信の義務がない。だから見ていないリスクもある。また、CC の受信者が多いほど読まれないというデータもある。

□会話すれば 2way コミュニケーション

明日休みます。
よろしく！
予定表に書いてあったね。
手伝うことがあったら
言ってね。

ムダなメールを送り合って時間をロスしていないか？

Tips
46 電話の転送は2回まで

電話のたらい回しは、クレームの上位にランキングされます。企業に電話をしたお客様が「担当が違うから」と次から次へと転送され、何度も同じことを話さなければならない。これではお客様が怒るのも無理はありません。

電話の転送は2回まで。もしあなたの受けた電話が自分の担当ではなかったら、正しい担当部署に1回でつなぎ、きちんと担当者に替わってもらうのです。そして**お客様から聞いた話は正しく伝えましょう。**何度もお客様に繰り返させてはいけません。

転送を3回以上すると、ときに伝言ゲームのように話が変わる場合があります。以前、住宅ローンを返済していて、繰り上げ返済したいときのこと。ある銀行に電話をすると、「担当でない」と3回転送されました。ようやく担当者につながったのですが、突然「なんで払えないの？」と高圧的に聞いてきます。どうやら伝言を繰り返すうちに「繰り上げ返済」が「返済不能」に変わったようなのです。正直、不快な出来事でした。

この経験談からも、**安易にたらい回しをするとミスが生まれやすいのです。**たとえ担当外であっても、自社の社員として最後まで責任があることを忘れないでください。

▶ 46 たらい回しは怒りを買う

□伝言ゲームのリスク高！

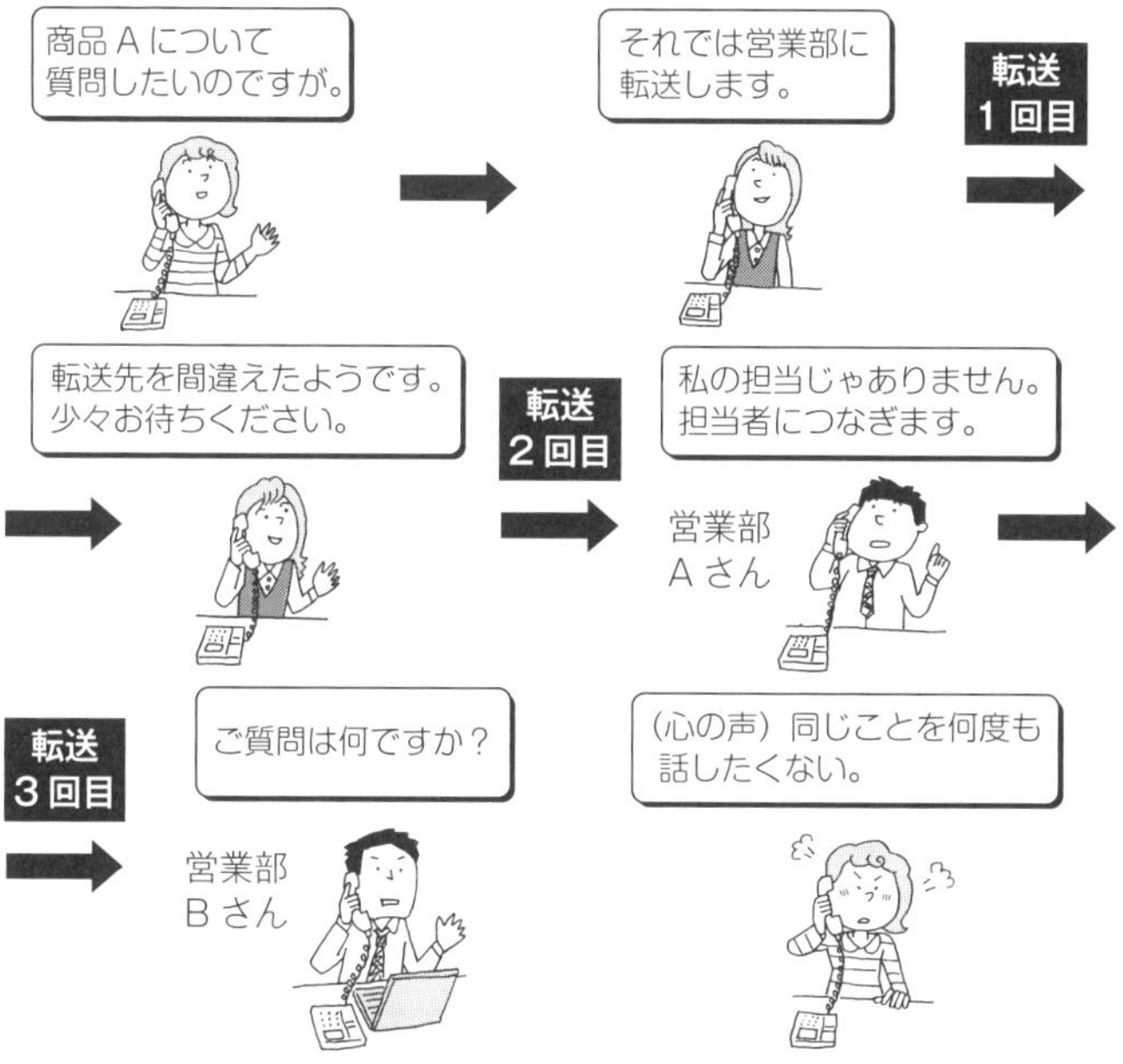
商品 A について
質問したいのですが。
それでは営業部に
転送します。
転送
1 回目
転送先を間違えたようです。
少々お待ちください。
転送
2 回目
私の担当じゃありません。
担当者につなぎます。
営業部
A さん
転送
3 回目
ご質問は何ですか？
営業部
B さん
（心の声）同じことを何度も
話したくない。

□スムーズに対応するポイント

- 日頃から社内の業務分担や担当者名を把握する
- 担当がわからなければ電話を切り、担当者から掛け直す
- 自分が聞いた話は伝え、お客様に繰り返させない
- 業務ごとの問い合わせ先や Q&A をホームページなどに載せる

第5章

スケジュール・時間管理編

Tips 47

デジタルでスケジュール管理するときの注意点

あなたのスケジュール管理法は手帳ですか？　それともスマホやパソコンですか？　いずれにせよ自分が使いやすいものを選びましょう。ただ、**2つ以上を併用した場合、転記モレが生じる危険性があるため、どちらかに絞って一元管理するのがおすすめ**です。

デジタル派にはOutlookやGoogleカレンダーなどが人気です。予定の時間になるとチャイムが鳴ったり、自動的にメールが届いたり、定例の予定は繰り返し入力できたりと、紙にはない便利な機能があります。**一度入力すれば「日」「週」「月」で表示されるので、鷹の目と蟻の目の両方で閲覧することもできます。**

多くの企業ではデジタルでお互いの行動予定を共有化しています。もちろん紙の予定表を回覧してみんなで書き込んでもいいのですが、外出先や携帯端末からもアクセスできるのがデジタルの強みです。

ただし、誤って機密情報を「公開」した企業があったのも記憶に新しいところで、便利なものほどリスクを伴う点を忘れないようにしましょう。新たなサービスを導入する際は、操作方法を念入りに調べるようにしてください。

▶ 47 スケジュールは一元管理

□使いやすいツールにしよう

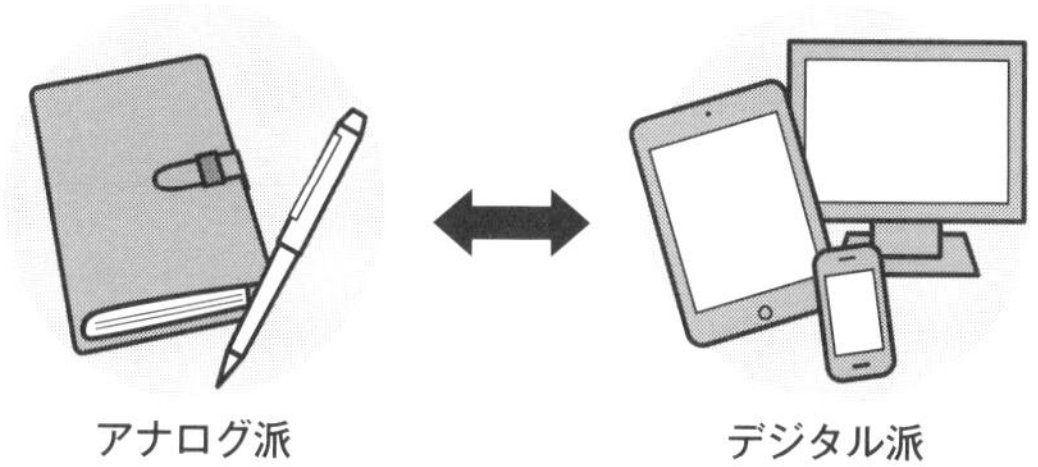

□デジタルなら一度入力すれば日、週、月でチェックできる

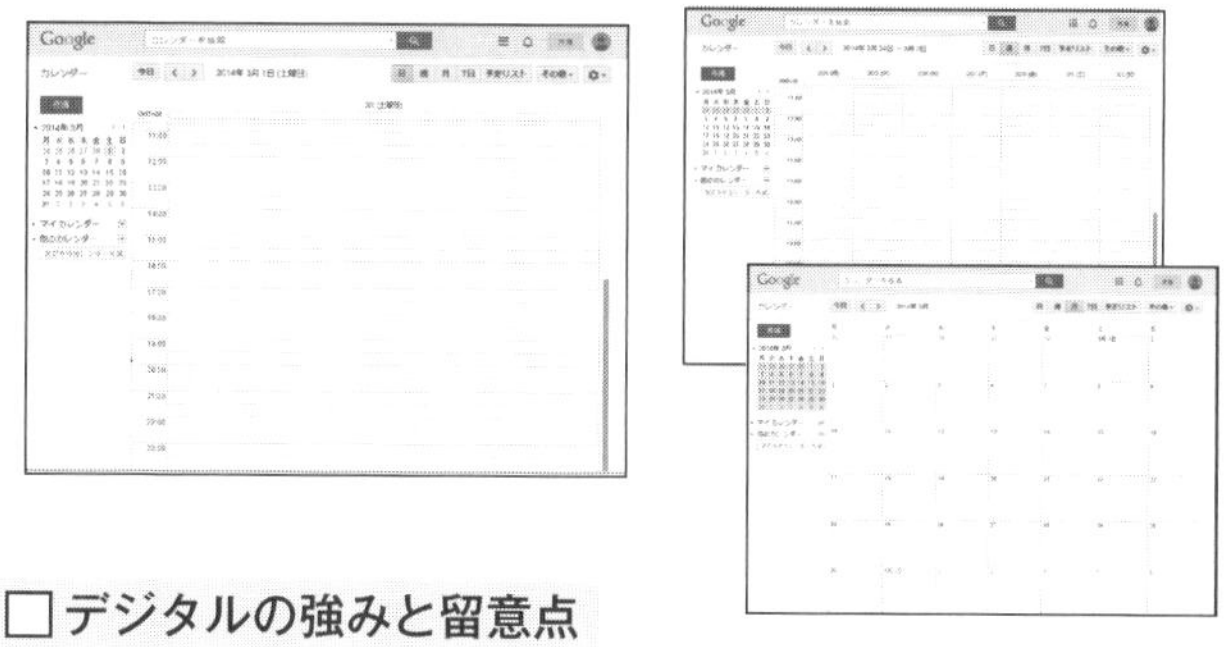

□デジタルの強みと留意点

強　み
・世界中のどこからでもアクセスできる
・メンバーと共有できる

留意点
・機密情報を公開してはならない

Tips

48

手帳は消せるペンで書く

手帳は消せるボールペンで書くと効率的です。もしキャンセルや変更があれば消せるからです。二重線で消してから書き換える方法もありますが、ごちゃごちゃして見にくい手帳では予定が把握しにくくなります。予定をかぶらせてしまったり、すっぽかしてしまったりすることもあるでしょう。ぜひスッキリを心がけてください。

会議や訪問などの日時を決めるときは、候補日がいくつかあって相手方から確定の返事を待つこともあるでしょう。そのときは候補日時すべてに△印をつけておきます。△は先約ですから、別件を引き受けないようにします。その後日程が確定したら、いらない△は消してしまって構いません。これで空いている日が明確になります。

私は**フリクションの3色ボールペン**を手帳用にしています。

「黒＝相手のある仕事」「青＝自分のタスク」「赤＝締切日」で書き込んでいます。色別にすると、手帳を開いたとき「今日は○○の締切日」と視覚に訴える効果があります。

また、その**手帳を1日に最低でも3回は見返しています。**単純なことですが、ウッカリ忘れがなくなります。朝、出社したら、まずは手帳を開きましょう。

▶ 48 手帳にひと工夫

□アポイントメントの候補日にマーク

△などのマークをつける → 他の日に決まったら消す

□ペンの色で使い分けるとひと目でわかる

黒 = 相手のある仕事 ――――
青 = 自分のタスク ――――
赤 = 締切日 ――――

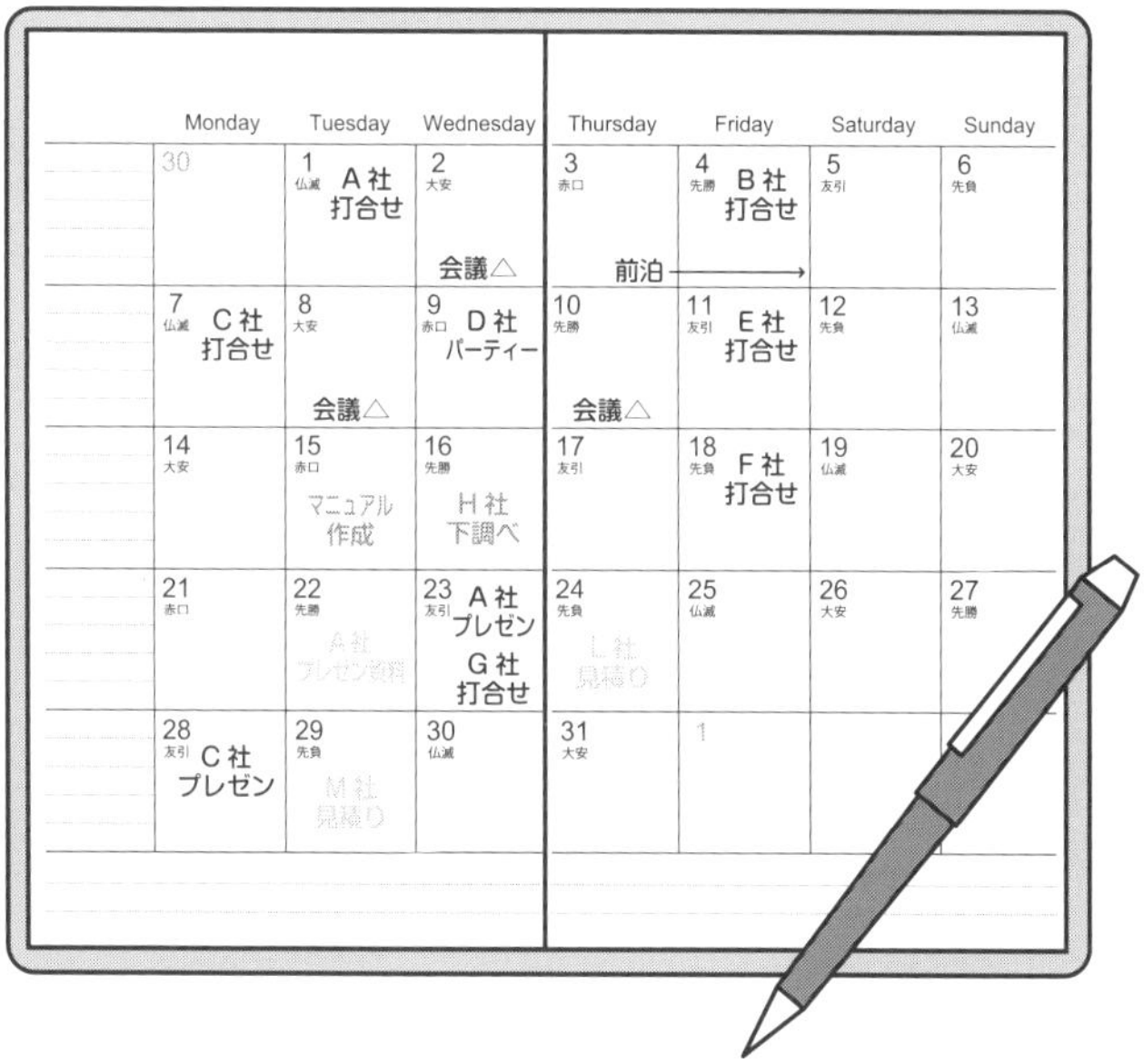

Tips

49 時間見積りを正しく

締切りや納期に遅れてしまう。その原因は過信や甘い計画にあります。「たぶん半日あれば終わるだろう」と高を括っていたら、丸1日かかってしまい納期遅延。そんなミスを防ぐために、時間の見積りを正しくするようにしましょう。時間もお金と同じように見積もることができるのです。

時間見積りのステップは3つ。

ひとつ目は**作業の洗い出し**です。仕事を大きなまとまりでとらえず、細分化してください。2つ目は**標準時間を知る**ことです。実際にどれくらいかかったかを計り、平均を出しましょう。これがあなたの標準時間です。

3つ目は、1日の計画の立て方です。**就業時間の80%程度におさえて仕事を入れる**のがポイントです。残りの20%は調整時間として余裕を持ちましょう。

7時間勤務なら、7時間分の仕事を入れても終わるはずがありません。私たちは機械ではないのですから、休みなく同じペースで働くことなど無理です。また、人と関わる以上、自分だけの仕事に集中するわけにもいきません。

▶ 49 仕事の計画を立てる

□自分の標準時間を知る

大テーマ　作業日　実際にかかった時間

会議の準備	4/5	5/7	6/5		平均
資料作成	90	120	80		90
資料印刷	15	20	30		20
会場セッティング	30	30	40		30
…………					

細分化する　標準時間

「会議の準備」とアバウトに予測すると誤差が生じやすくなる。
作業を細分化して標準時間を知ることが大切。

□1日に80%の仕事しか入れない

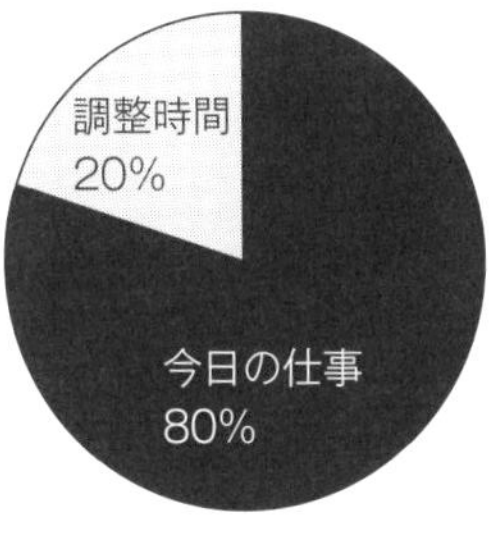

標準時間を加算して勤務時間の100%分を詰め込んでも無理！
若手社員やアシスタントは調整時間の割合を増やすとよい。

Tips

50 予備日を作る

遅延することなく仕事をするには、予備日を作るのも一案です。ビッシリ予定を詰めてしまうと、想定外のことがあったときに対応できなくなるからです。できれば**1週間に1日、予備日を作る**ようにしましょう。

ある講師の先輩を例にお話しします。彼女は売れっ子なのに、忙しいという言葉をあまり使いません。自己啓発をする自分の時間を作っていますし、いつ会っても穏やかに接してくれるのです。

「なぜだろう」と不思議に思っていたら、時間の使い方にヒントがありました。毎週金曜日は予定を入れず、終わらなかった仕事にあてていると言うのです。

私も真似をしたのですが、毎週同じ曜日を空けるのは難しいので、**まずは2週間に1日くらいのペースではじめてみる**といいでしょう。

アイデアが湧いてこない、どうしても気分が乗らない日は誰だってあるものです。でも予備日があれば安心。遅れた分を取り戻したり、急なお願いに対応することもできます。何より気持ちの余裕を持てるのがメリットです。

▶ 50 予定を入れない日を確保する

□予備日を確保しよう

月	火	水	木	金	土	日
		1	2	3	4	5
6	7	8	9	10	11	12
13	14	15	16	17	18	19
20	21	22	23	24	25	26
27	28	29	30	31		

アポを入れない

□予備日にできること

集中して
デスクワークに
専念する

同僚の仕事を
手伝う

遅れた分を
取り戻す

重要でもなく、
緊急でもないが、
やっておいた方が
いい仕事をする

Tips 51 ＴｏＤｏリストに時間を入れる

ＴｏＤｏリストを作っているのに大事な仕事を先送りしたり、締切りに間に合わないことはありませんか？　原因のひとつはリストにあり！　ただ「やること」を並べるだけなら備忘録にすぎません。

リストを作るときは、最初に退社時間を決めます。逆算方式で仕事の段取りを考えるためです。仕事を洗い出したら、**「今日中に必ずやること」を選び「優先順位NO・1」とハッキリ書いてください。**この仕事はできる限り午前の早い時間にスタートするようにします。午後からはじめると、途中で割り込み仕事などが入り、スタート時間がどんどん先送りされ、手つかずという事態になりかねません。

最後に**「12時、15時、18時」の3時間ごとを目安にし、「何を」「どこまでする」の期限を決めます。**このとき、欲張らずに余裕を持ったスケジュールにしてください。

また、電話やメールの返信など、こまごました仕事も書き出しますが、「雑事」はまとめておきましょう。「雑事」のタスクは、スキマ時間や気分転換を図りたいとき一気に済ませるのが得策です。

▶ 51 To Do List は優先順位を入れる

□やることだけを書いたリストはモレをなくす効果止まり

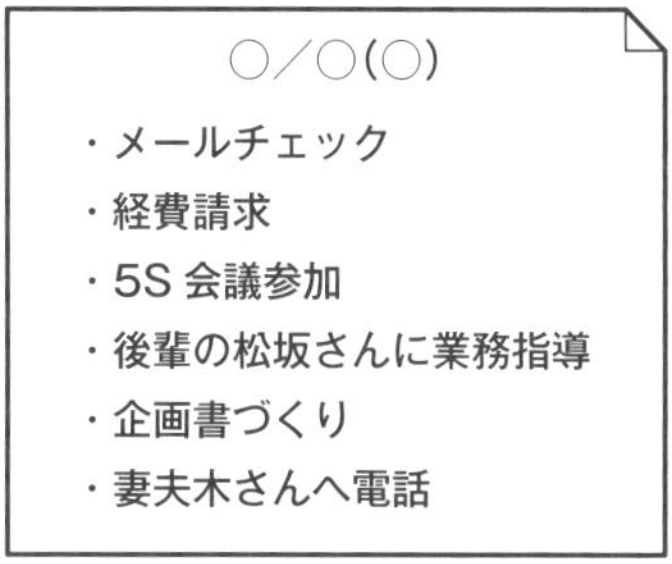

□時間と優先順位を入れる

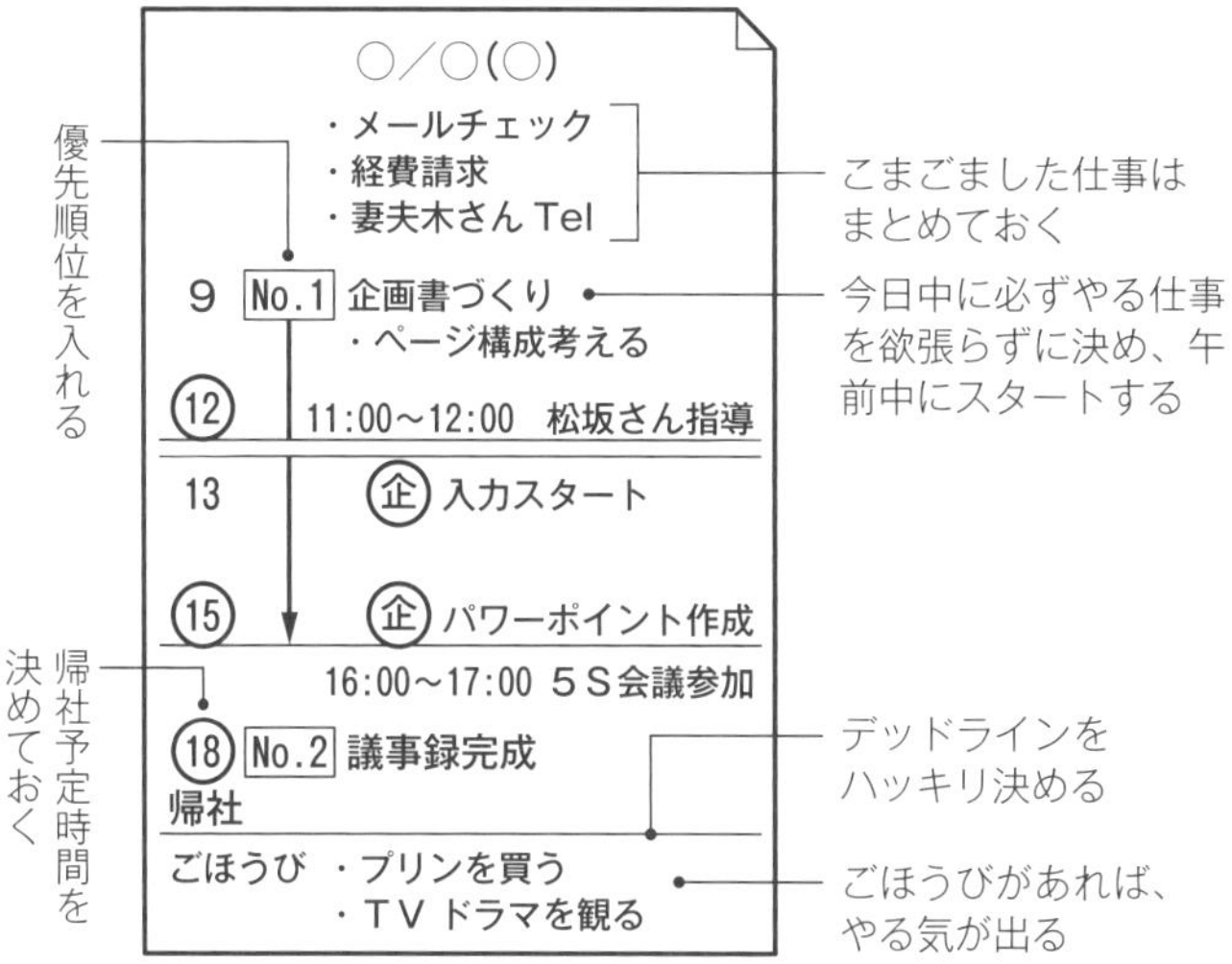

Tips 52

提出物には『You締切り』と『My締切り』を作る

提出物があるときは、２つの締切日を作るとスピーディに対応できます。

やり方ですが、まず提出物の締切りや期限を確認します。多くは相手のある仕事なので、相手が設定した日時、これを「You締切り」とします。普通ならこの日をゴールに仕事に着手するはずです。

でも、あえて２つ目の締切りを作ってほしいのです。**1日以上前の完成日を決めて「My締切り」としてください。**つまり、本来の約束より前倒しに完成させ、相手に提出してしまう。早めに仕事に取りかかり、手放すようにする作戦です。

これを時間貯金と名づけたのですが、１日前に提出したなら１日分が貯金となり、自分の時間を作ることができます。その余裕のある時間で、一段上の仕事にチャレンジしたり、次の仕事に早く取りかかってもいいでしょう。

時間貯金をどんどん増やせば、先手でしかける習慣が身につくので督促されなくなります。**心に余裕もできてマイペースを保てるので、ミスに気づきやすくなります。**ぜひお金だけでなく時間も貯金しましょう。

▶ 52 時間を貯金する

□時間をコントロールしよう

① 方法

・相手が設定した締切日・提出期限を確認する ➡ You 締切り

・前倒しの完成日を決める ➡ My 締切り

・所要時間を多めに見積り、納期逆算でスタートする日を決める

② メリット

・先手でしかける習慣が身につく

・督促されない、バタバタギリギリ仕事が減る、ミスに気づきやすい

・心に余裕ができてマイペースを保てる、自分の時間が作れる

・急なお願いに対応できる

	○／1(月)	○／2(火)	○／3(水)	○／4(木)	○／5(金)
You 締切り			スタート →	→	締切日
My 締切り		スタート →	→	締切日	貯金

□貯金した時間の使い方

次の案件をはじめようかな。
有給を取ってリフレッシュしようかな。
新規開拓のアプローチをかけようかな。
同期入社と情報交換会を企画しようかな。

Tips
53
チェック表を作る

定型業務のミスをなくすには、チェック表を作りましょう。これは、オリジナルで作るべきです。ミスをしやすい箇所や仕事の行程は人それぞれなので、みんなと同じものを使うより、セルフチェック度がより高まるものを作ってください。

とくに同時に複数の案件を進めるときは、注意が散漫になりやすくなります。記憶だけに頼っては納期遅延やウッカリ忘れ、モレが起きてしまうでしょう。そのとき**マイチェック表があれば、ひとつひとつのステップを落ち着いて確認することができる**のです。

私は企業研修の講師をするとき、たった1日のプログラムであっても最大10種類の書類を作ります。平均して月に10本の研修やセミナーを担当するので、このチェック表が欠かせません。チェック表を作れば、単独の案件だけでなく、抱えている案件すべてを一覧化できるので、やるべきことがハッキリします。

出番の多いチェック表はファイルの中に入れるより、クリップボードにはさむのがおすすめです。そしてしかかり中のファイルと一緒に立てておきましょう。ワンアクションで出し入れし、チェックを入れられるので作業効率がよくなります。

▶ 53 マイチェック表で進行管理

□記憶よりチェック表を信じる

実施日	7／2（月）	7／10（火）	／（　）	／（　）
企業名	○○商事	△△フーズ		
プレゼン名	□□□□□□	×××××		
シナリオ作成	✓			
サンプル取り寄せ	✓	✓		
タイムスケジュール				
配付資料作成	✓			
上映スライド作成	✓	✓		
USBへの保存	✓			
資料印刷				
機材の手配				
アンケート作成	✓			

・終われば✓

・「忘れそう」「これからやる」ことは
　フリクションのマーカーで目立たせておく

・アバウトでなく、細かい工程に分けておく

□クリップボードにはさむと出し入れしやすい

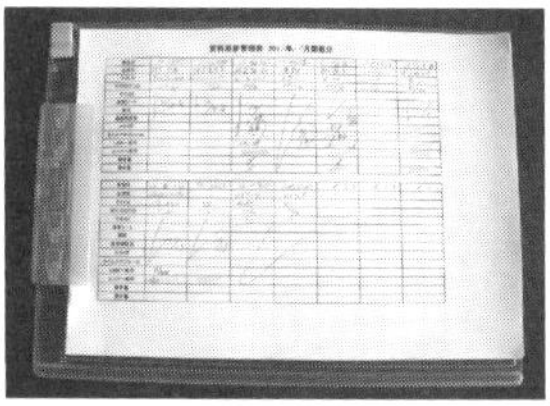

クリアファイルに入れるより
使いやすい

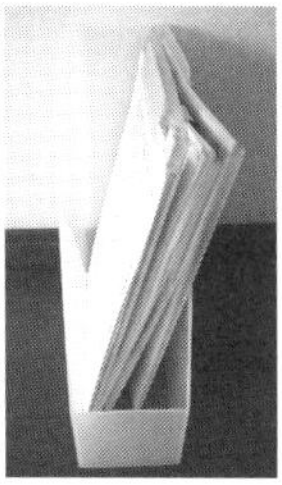

進行中の案件を
一緒にして
デスクの上に
立てておく

年に一度の報告業務なども、マニュアルやマイチェック表があればスイスイできます。記憶に頼るとミス多発！

Tips 54 スキマ時間のメニューを作る

スキマ時間ができたとき、あなたはどんなことをしていますか？　外出先で打ち合わせが予定より早く終わってしまい、次のアポまで30分ほど時間を潰すとき。移動中の電車で揺られる15分。はたまた会議に出席するため10分前に席に着いたとき。もしかしたら監視の目がないと、スマホのゲームで遊ぶ人がいるかもしれません。

でも、これらの時間を有効に使えば、ミスのチェックにあてたり、段取りを再確認することができます。そのためには、時間が余ってから「何をしよう」と考えるのでなく、**あらかじめ5分、10分、15分、30分の単位で、できることを決めておきましょう。**

5分あれば手帳やＴｏ Ｄｏリストを見返す。10分あれば電話をかける、新規のアドレス登録をする。15分あればメールを返信する。30分あれば日報を書く、ノートを整理するなど。

できることを挙げたら、レストランのメニューのように見やすく分類し、手帳やスマホに記録して持ち歩きましょう。実際にスキマ時間ができたなら、メニューから『やること』を選べばいいのです。

▶ 54 スキマ時間を使いこなす

□できることをリストアップしてみよう

スキマ時間メニュー

5分

・手帳をチェック
・To Do List を見直す
・メールチェック

15分

・メール返信
・雑誌、新聞を読む

10分

・電話をかける
・新規のアドレス登録

30分

・日報を書く
・ノートを整理する
・英語の勉強
・カフェに入る

30分
=
5分手帳チェック ＋ 10分電話 ＋ 15分メール返信

30分
=
日報を書く

組み合わせは自由自在

Tips
55
新幹線はネットで予約

遠方に出張するとき、新幹線を使うなら乗り遅れがないように万全を尽くしましょう。「切符は当日に駅で買えばいい」と気楽に考えていると、窓口に長蛇の列ができていて焦ったり、乗りたい列車に間に合わないことがあります。

平日の朝や夕方の窓口は、出張する人たちで混み合います。天候が悪い、ダイヤが乱ればなおさらです。ゴールデンウィークやお盆、年末年始ですと終日混雑しています。**いつでも安全で確実なのは、ネットの予約**です。出張が決まった時点で、切符を予約してしまいましょう。

私が東日本エリアに行くときは「えきねっと」、西日本エリアに行くときは「エクスプレス予約」を利用しています。いずれもお気に入りフォルダーに登録しているので、時短で予約できます。また、チケットレスにすることもできます（詳しくはJR各社で）。

さらにネット予約のメリットは、**備忘録になる**こと。**乗車時間が近づくとメールがスマホへ自動配信**されるので、出発前に時間を再度チェックすることができます。

庶務はミスなくスピーディに済ませ、本来の業務に集中しましょう。

▶ 55 乗り遅れを防ぐ

□窓口が混んでいると遅刻するかも

15分後の電車に乗りたいのにどうしよう。ぎりぎりだなぁ～。

□ネットで予約すれば確実

切符がなくても、スイスイ♪

□乗車時刻はスマホでチェック

8:20発ですので、お乗り遅れのないようにご注意ください。

Tips

56 ネット検索で集中力を削がない

調べものをするときにネットは大助かりします。でも検索の仕方によっては、欲しい情報がなかなかヒットしないのが悩みどころ。関係のないサイトやブログ、広告が気になり、ついクリックしてしまうことはありませんか？　これでは時間をムダ遣いするばかりでなく、集中力を切らしてしまいミスにつながりかねません。

そこで、**よく使うサイトは都度検索せずにブックマークする**ことを提案します。フォルダーを作って目的別にグルーピングしておくと、さらに便利です。ただ、お気に入りのサイトはどんどん増えていくので、**半年に1度は見直し、いらないものを削除する**などメンテナンスしておきましょう。

念のために申し添えますが、料金やアクセス情報を社内でチェックしているところもあるので、公私の区別をしっかりとつけるようにしてください。自分でルールを決め、「ネットに接続しない」「パソコンから離れる」時間を作るのも一案です。

ネットはお役立ちツールとして補助的な位置づけにし、誘惑に負けないようにしましょう。

▶ 56 ネットと上手くつき合う

□よく使うサイトはブックマークしておく

- 交通フォルダー
  - 乗り換え案内「駅探《エキタン》」
  - エクスプレス予約
  - えきねっと
  - ○○バス時刻表
- ホテル
  - 名古屋○○ホテル
  - 大阪○○ホテル
- レストラン
  - 焼肉○○
  - フレンチ○○
  - 和食○○
  - 中華○○
- 顧客企業
  - A 銀行
  - B 保険
  - C メーカー
  - D セミナー

食事に行くときは「レストランフォルダー」をチェック。
ネットにグルメ情報はあふれているが、検索しにくく時間がかかる。
一度足を運んで満足したお店を、ブックマークしておく。

Tips

57

10分前行動主義

時間はお金と同じく、限りある大事な資源です。自分の時間はもちろん大切、さらに相手の時間を泥棒しないことが大切ではないでしょうか。

時間のミスといえば遅刻があります。遅刻が原因でお客様を怒らせたり、進んでいた話が破談になることだってあるのですから。でも実際には、時間にルーズな人もいます。

客先を訪問するときは、遅くとも10分前には訪問場所を確認！ 身支度を整え、心を落ち着けてから5分前に相手を呼び出しましょう。

時間管理に疎い企業へ行くと、定刻に研修がはじまりません。遅刻、無断欠席が容認され、ゆるい社風が蔓延しているのです。**小さな約束さえ守れない人に業績向上などできません。**

一方、あるメーカーでは、10分前行動が徹底されていました。参加者は開始10分前に集まるうえ、人事部は定刻の5分前に研修をスタートさせます。「少数精鋭で業績が伸びている企業は、一人ひとりの意識が高い」と実感した出来事でした。

▶ 57 早すぎる方がいい

□10分前行動が心の余裕を生む

10分前 訪問先を確認	7分前 身だしなみを確認	5分前 受付で名乗る

□電車が遅れても自分は遅れないように

セミナーの 1時間前	会場のビルを確かめ 近くのカフェへ
↓	講義内容の最終チェック
セミナーの 30分前	会場入り 「おはようございます」

電車の事故は想定されるリスクのひとつ。

講師が遅れてはセミナーがはじまらないので、定刻の1時間前には会場の近くにいるようにしている。

Tips
58
会議はゴールを先に決める

会議や商談が長引いてしまい、その後の予定がズレたり遅刻することはありませんか？生産性の低い会議が行われている職場があります。雑談中心でダラダラ会議が進み、結論が出ません。また「客先で終わらない雑談につき合わされてしまい、残業が恒常化しています」と悩んでいる若手社員もいました。

会議をするときは、開始時間だけでなく終了時間も決めましょう。私は**客先を訪問するときも13時から14時までなどと終わりを提示する**ことがあります。これはお互いの時間を大切にしつつ結論を出すためです。すると、おしゃべり好きな人も「世間話はこのくらいにして」と切り上げ、本題に集中してくれます。

また、自分が社外の人を招集するときは、「会議メモ」を作り配りましょう。ペーパーが何もなく口頭で話す会議より、見える化すると参加者の意識や理解が高まります。「メモ」と名づけたのは、**Ａ４用紙に議題を列挙する**だけだからです。これなら数分あれば完成し、参加者全員が「何を」「どこまで」のゴールを共有できます。

▶ 58 会議の４悪

□会議の４悪とは

1. 会して議せず → 発言しない人が参加している
2. 議して決せず → 結局何も決まらない
3. 決して行わず → 決めたことを実行しない
4. 行って責をとらず → 誰も責任をとらない

□会議メモを作ると進行が早くなる

A4・1枚　議題や決めることを並べるだけ

○月○日

「ホームページリニューアル」会議

1. 現行の問題点、悩み
2. リニューアルしたい点
3. 企画書作成のお願い
4. スケジュールの決定

・事前にメールの添付で送っておき、考えを用意してもらうとさらにスピーディ

・行間を空けると参加者が余白にメモできる

第6章

仕事の習慣 編

Tips 59

「名前を付けて保存」はリスクが高い

元データを残したいのに、間違って上書き保存してしまう。頭でわかっていても、無意識のうちにしてしまうミスかもしれません。

ファイルを使い回すときは、「名前を付けて保存」するのが一般的ですが、つい文書をいじってしまい「上書き保存」のツールバーをクリックしてしまうことはありませんか？

このミスをなくすには習慣を変えるのが一番です。

真っ先にすべきはファイルのコピーです。必ず分身を作ってください。

方法は簡単で、使いたいファイルを選び、コピーします。すると「コピー～ファイル名」というファイルができます。これが分身ですので、「名前の変更」をして別の名前をつければ完成。元データはきちんと残っているので、安心して新しいファイルに修正や変更を加えることができます。

複数のファイルを入れたフォルダーなら、フォルダーごとコピーし、フォルダー→ファイルの順に名前を変えましょう。これで既存のデータを活かしながら、ミスなく効率的に作業を進めることができるようになります。

▶ 59 最初にコピー

□名前を変えて保存はリスクが高い

ファイルを開いてから、名前を付けて保存をしようとすると間違えて、上書き保存をしてしまう。

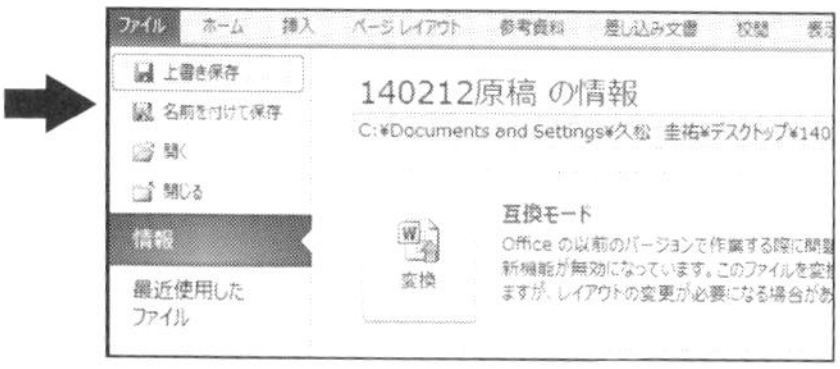

元データのコピーをはじめに作る

※Ctrl キーを押しながら、アイコンをドラッグすると
ファイルがコピーされる。

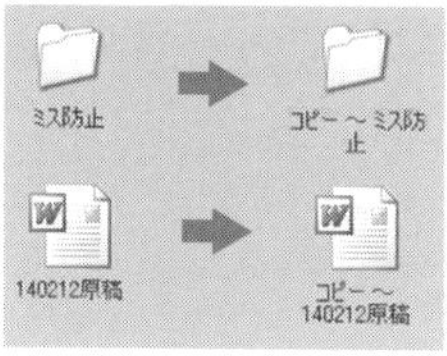

ミス防止
↓
コピー～ミス防止

140212 原稿
↓
コピー～140212 原稿

コピーしたファイルの名前を変更して、そのファイルを使用する

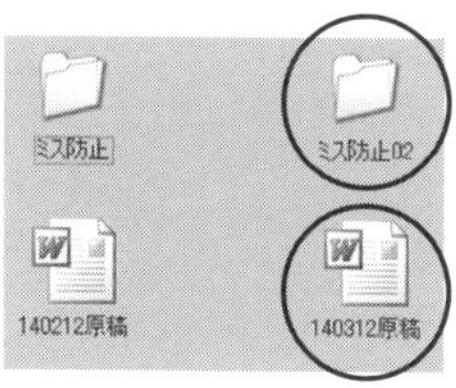

コピー～ミス防止
↓
ミス防止 **02**

140212 原稿
↓
14**03**12 原稿

Tips
60
バックアップと個人情報の更新はこまめに

パソコンは古いものを使い続けるより、できれば新機種に買い替えましょう。作業効率がダンゼンよくなるからです。でも、会社のパソコンですと社員ひとりの一存でどうなるものでもありません。そこで、与えられた環境でミスを防ぐにはどうしたらいいかを考えましょう。

データのバックアップは定期的かつこまめにするのが一番です。とくに年季の入ったパソコンを使っている人は要注意。起動するまで時間がかかる、動作が鈍い、画面がフリーズするなど不安定な状況にあれば、**印刷して紙でも保存する**などリスクを最小限に留めてください。また、**作成途中の書類だけをこまめにＵＳＢメモリーに保存しておく**のも一案です。

お客様や取引先の個人情報に変更があったときも、先送りしてはいけません。メルアドを変更するなら、新旧をダブって登録しないように留意します。その他、先方にオフィスの引っ越しや異動があったなら、すぐに更新しておかないと年賀状を出すときにアタフタしたり、「あて所に尋ねあたりません」と返されるミスにつながってしまいます。

▶ 60 バックアップはこまめに

□作り直しは大仕事

2日かけて作った企画書が
保存されずに消えた！
最初から作り直さなくちゃ
やれやれ。

とりあえずこの企画書だけ
USB メモリーに保存しよう。

□個人情報は変更があればスグ対応

「メルアドが変わりました」
「異動しました」
「4月からマネージャーになります」
「弊社移転します」

Tips
61
Excelの集計は手計算でもチェックする

Excelは複雑な計算を瞬時にしてくれる強い味方です。ただ信用しすぎてチェックを怠れば、ミスを誘発するので気をつけましょう。

よくあるのは、後から行を挿入したときの計算ミスです。オートSUMなどの自動計算を設定していて、挿入した行の数値も計算の範囲に含まれる場合は要注意です。**数式をチェック**し、セルを正しい範囲に修正しなければなりません。

前に作った書類やデータを使い回すときも注意が必要です。単価や数量などが残っていると変更すべきところを見落としやすくなるからです。

実は私も以前、請求書のミスをしてお客様から指摘を受けてしまいました。1日分の交通費のはずが2日分ついていると言うのです。過剰請求するとは、なんとも恥ずかしい話でした。

これから消費税が段階的に上がっていくと、見積書や請求書は適宜、数式などの修正が生じます。いずれにせよ、**印刷をしてから目でチェック**し、念のために電卓をたたいて計算ミスがないかを再度確認するくらい慎重に対応しましょう。

▶ 61 疑いの目を持つ

□使い回すときはとくにミスしやすい

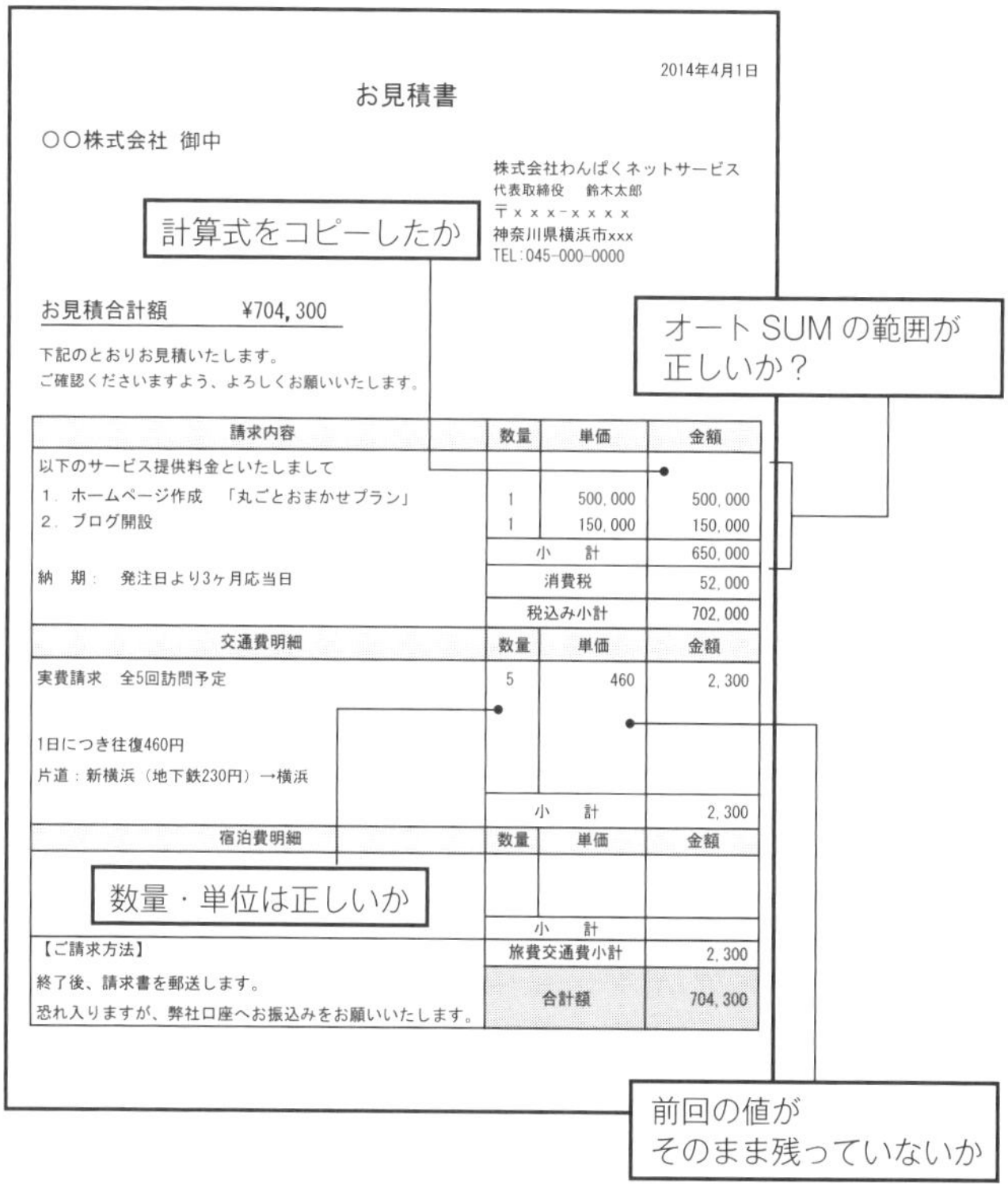
2014年4月1日

お見積書

○○株式会社 御中

株式会社わんぱくネットサービス
代表取締役　鈴木太郎
〒xxx-xxxx
神奈川県横浜市xxx
TEL：045-000-0000

お見積合計額　¥704,300

下記のとおりお見積いたします。
ご確認くださいますよう、よろしくお願いいたします。

請求内容	数量	単価	金額
以下のサービス提供料金といたしまして			
1．ホームページ作成　「丸ごとおまかせプラン」	1	500,000	500,000
2．ブログ開設	1	150,000	150,000
	小　計		650,000
納　期：　発注日より3ヶ月応当日	消費税		52,000
	税込み小計		702,000
交通費明細	数量	単価	金額
実費請求　全5回訪問予定	5	460	2,300
1日につき往復460円			
片道：新横浜（地下鉄230円）→横浜			
	小　計		2,300
宿泊費明細	数量	単価	金額
	小　計		
【ご請求方法】	旅費交通費小計		2,300
終了後、請求書を郵送します。 恐れ入りますが、弊社口座へお振込みをお願いいたします。	合計額		704,300

計算式をコピーしたか
オートSUMの範囲が正しいか？
数量・単位は正しいか
前回の値がそのまま残っていないか

暗算や電卓をたたいて目でもチェック！
消費税の計算ミスを防ごう！

Tips

62

郵便物はポストまで手で持っていく

郵便物をポストに投函するつもりが、ウッカリ忘れてしまったという経験はありませんか？　ハッと気づいたけれど、ポストまで戻る時間はない。「外出先でポストくらい見つかるだろう」と高を括っていたら、別件で頭がいっぱいになり、また忘れてしまう。そうやって封筒をずっとバッグに入れたまま持ち歩いてしまう失敗は、あなたも一度くらいあるでしょう。

投函が翌日になれば、先方への到着日はその分遅くなります。速達など急ぎの書類ならなおさらのこと、投函し忘れを防がなければなりません。

これからは「郵便物はポストまで手で持っていく」を習慣にしましょう。**出かけるとき荷物と一緒にバッグに入れてしまうから忘れる**のです。手で持てば否応なく目に入るので、ポストにたどり着くまで意識を集中させることができるようになります。ささいなことですが、こんな習慣やしくみ作りがミスを防ぐことにつながります。

もし封筒が汚れる心配があれば、**クリアファイルに入れてから持つ**と安心でしょう。

▶ 62 忘れない方法

□封筒はバッグに入れないこと

バッグに入れるから忘れてしまう

手に持てば両手がふさがれるうえ、目に入る

□クリアフォルダーに入れれば汚れない

A4 クリア
フォルダー

3通までの
薄い封筒なら

A4 スライダー付
収納バッグ

4通以上で
落とす心配があるなら

A5〜A6クリア
フォルダー

小さな封筒や
ハガキなら

Tips
63
マニュアルは自分で作る

業務効率化や平準化のために、マニュアルを作っている職場は多いことでしょう。では、マニュアルがある人に質問しますが、それはわかりやすいですか？

というのも、マニュアルの多くはその業務に精通している人が作成します。社歴が長い、指導経験がある、現場でなく本店管理部に所属している人などです。そんな知識やスキルがある人の目線で書くと、専門用語を使ったり、初歩的な部分を省いてしまうことがあります。そもそも新入社員もベテラン社員も同じマニュアルを使うのは無理があるのです。ですから**読んでも理解しにくいなら、そのマニュアルはあなたを救ってくれない**と割り切るのが賢明です。

たとえダブったとしても、新しい仕事を覚えるときは自分用のマニュアルを作りましょう。といっても、日頃使うノートと兼用して構いません。なぜなら**一度教わったことを、自分でノートにまとめると頭の中が整理整頓されたり、インプットできたりする**からです。

ただし、自分用のマニュアル作りにあまり時間をかけすぎないようにしてください。会社は学校ではないので、勉強より『利益を生む仕事をするところ』と心得ておきましょう。

▶ 63 自分用のマニュアル

□眠っているマニュアルはありませんか？

人に聞く前に
マニュアルを調べなさい
私の力作があるでしょ！
だって読んでも
わからないんだもん。
（心の声）

同じ仕事をしても進め方は人それぞれ。
知識やスキル、入社歴、年齢も異なる。だから、すべての人が満足するマニュアルを作るのは至難のワザ。

作ること ――マニュアルの目的→ **役に立つこと**

Tips
64
ミスしたら吹き出しで反省コメントを

続いて、自分用マニュアルの具体的な作り方です。新入社員や若手社員、異動したてのときは人から仕事を教わることが多いでしょう。そのとき教えを書き留めないと、指導者はやる気を失います。自分のためにも相手のためにも、必ずノートを取ってください。**端末の操作方法を教わったら画面印刷をし、ノートに貼ってしまいましょう。**文章にするよりダンゼンわかりやすくなります。そして、大切なポイントは赤字やマーカーで目立たせておきましょう。

文書やメールの書き方を知りたいなら、お手本となる上司や先輩のものをコピーさせてもらい、ノートにペタっと貼ってください。しばらくは丸ごと文章を真似てしまえば、ミスなく完成度の高い書類が作れるようになります。

さらにノートは書いたら終わりでなく、進化させましょう。**ミスをしたら吹き出しを作り、赤ペンで失敗した日時とミスした内容、反省や今後の誓いを書いてください。**コメントを書く目的は、同じミスを繰り返さないためです。

このように進化したノートは、いつでもあなたの救世主になってくれるはずです。

▶ 64 自分用マニュアルの作り方

□作り方のステップ

1

・A4 サイズのノートを用意する
・リング式だと折り返してデスクで使えるので場所をとらない
・「マニュアル用」でなく普段のノートとしても使う
・自腹でお気に入りを買うとやる気になる

2

・人に仕事を教わるときは必ずノートに書く

3

・端末やパソコンの操作方法を習ったときは、画面を印刷しノートに貼る
・大事なところは赤字やマーカーをして目立たせる

4

・文書やメールはお手本になる人を見つけてコピーさせてもらい、ノートに貼る
・自分で作成するときは文面を真似してみる

5

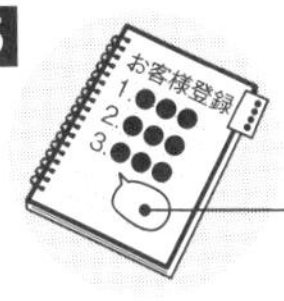

ミスをしたらノートに吹き出しを作り、赤字で反省コメントを書く

××××年 10 月 1 日入力ミス
Enter を押す前に申込書の漢字と合っているか、もう一度チェックすること!! 名前のミスはクレームのもと。

Tips
65
割り込み仕事には「しおり作戦」

集中していても、電話や来客があったり、上司や同僚に話しかけられることがあります。そのような「割り込み仕事」があると、「さっきまで何をしていたんだろう」と思い出したり、エンジンがかかるまで時間を要する場合もあるでしょう。

気持ちが緩むとミスが忍び寄るので、早く集中力を取り戻したいものです。

そこでおすすめしたいのが、「しおり作戦」です。

しおりは、本を読むとき欠かせませんね。そう、読んだページにはさんでおくだけで、次はどこから読むかがわかるのですから。もし、しおりがなければ、同じところを重複して読むなど、探すムダが生じてしまうのです。

仕事も同じで、「どこまで済んだか」がわかるようにしてから割り込み仕事に対応してください。

ポインターの付せんを書類に貼れば、矢印が〝次に着手する箇所〟を指し示してわかりやすくなります。付せんですから、たとえ席を離れても剥がれる心配はありません。たった3秒で済むので、ぜひ試してみてください。

▶ 65 付せんでチェック

□付せんをつければ、進捗が一目瞭然

急な呼び出し、お手洗い、電話などで作業が中断。
そんなときは、進んだところまで、付せんで印をつける。

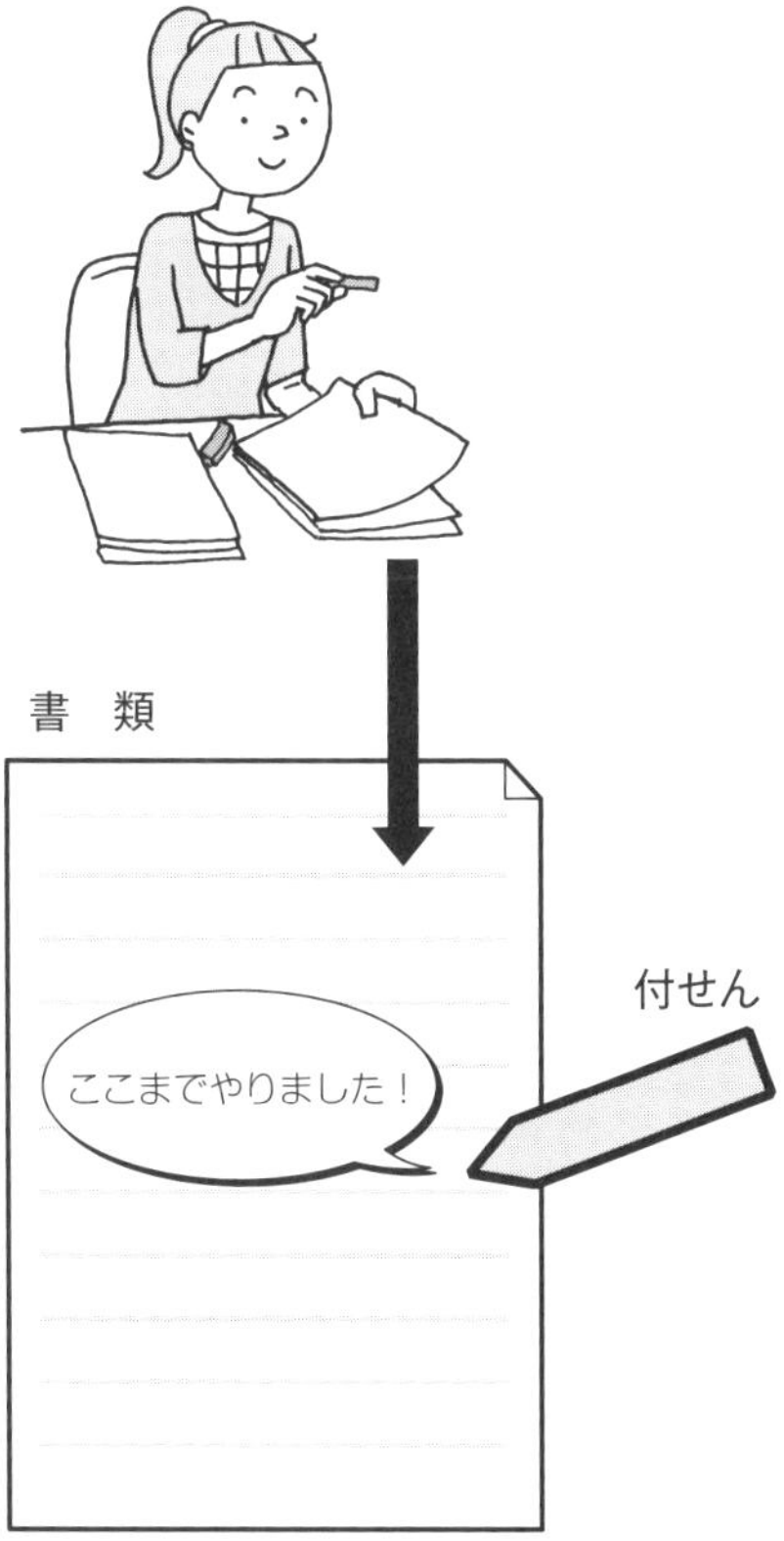

Tips 66
駅で待ち合わせしない

誰かと待ち合わせするとき、駅はできる限り避けましょう。わかりやすいようで、実は両者の理解に相違が起きやすいからです。**原因は思い込み**にあります。

東京駅を歩いていると、携帯電話を片手に「今どこにいますか？」と確認し合う人たちを見かけます。きっと待ち合わせ場所を決めたはずなのに、相手と会えないのです。

では質問します。東京駅の改札口はいくつあるでしょうか？　答えはなんと13です。線路をはさんで東側の「八重洲」、西側の「丸の内」、それぞれに北口・中央口・南口改札があるからです。もし「丸の内の改札で会いましょう」と伝えたなら候補は全部で6つ、1階には「丸の内北口」「丸の内中央口」「丸の内南口」、地下にも「丸の内地下北口」「丸の内地下中央口」「丸の内地下南口」が存在します。これでは**迷うのも仕方ありません。**

いっそのこと改札はやめて「八重洲口構内のスターバックスで」としても、歩いて3分の距離に2店舗があるため、**行きつけの店をアバウトに指定しては危険**です。地下鉄の「大手町駅C9出口」などの指定もわかりにくいです。階段を上がらず地下にいればいいのか、階段を上がって外に出るのか迷うので、避けるのが賢明でしょう。

▶ 66 都心の駅は複雑

□都心部の駅は改札がたくさん

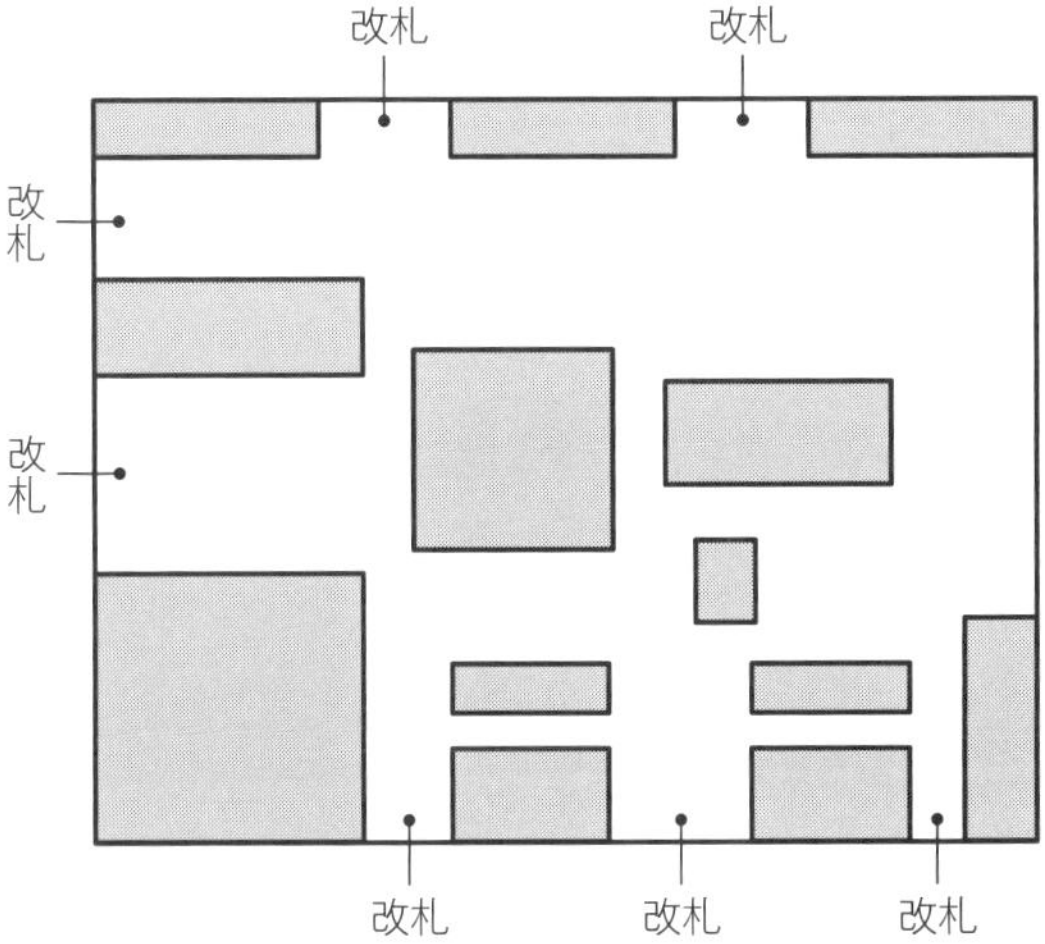

こんなに改札がある駅だったら、会えなくて当然。
駅での待ち合わせは避けよう。

□駅で待ち合わせをしたための失敗談

・改札口で待っていたら、お客様は車できてロータリーに停車して待っていた。

・メールで「厚木駅」とあり、厚木駅にいたら、相手は「本厚木駅」にいた。謝るどころか「厚木といえば本厚木でしょ」と言われ、カチンときた。

・JRの駅を指定したら、相手は地下鉄の駅で待っていた。

Tips

67

名刺は絶対切らさない

名刺交換するとき、自分の名刺が1枚も入っていなかったり、足りなくなって冷や汗をかいた経験はありませんか?

防止策ですが、「名刺入れには常時20枚」などルールを決め、**「誰かに名刺を渡したらデスクに戻って補充する」を習慣**にしましょう。出かける前に再度チェック。万が一、名刺入れを忘れたときに備えて、**お財布や手帳に5枚ほど入れておけば安心**です。

次に、名刺の在庫切れをなくす方法です。名刺が箱で届いたとき、下から20枚目前後に付せんを貼ってください。名刺を使っていくうちに、この**付せんが出てきたら「追加で発注しよう」**のサインになるからです。

箱ティッシュを買うと、赤いラインが印刷されたものが出てきて、買い足すタイミングを教えてくれるものがありますね。名刺にも応用すると、在庫切れしなくなります。

また、名刺交換は先手必勝です。

いつでも先出しできるように、私は自分の名刺を逆さにして入れています。相手に渡すとき回転させる手間が省けるので、サッとスムーズに差し出せるからです。

▶ 67 ワンランク上の名刺交換

□逆さにしまっておくとサッと出せる

名刺ヨコ型

□名刺入れは仕切りのあるものを選ぼう

○

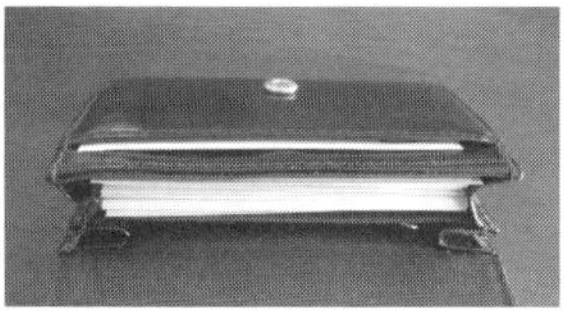

幅もチェック

- 上…もらった名刺
- 下……自分の名刺
- 幅がせまいとスムーズに出せなかったり端が折れてしまう
- お店で断ってから、自分の名刺を入れて試してみよう

□漢字の読みを尋ねる前にメルアドをチェック！

須賀 園
suka.sono@××.jp 「スガ？ ➞ スカさん」

岸 一美
kazuyoshi.k@××.co.jp 「カズミ？ ➞ カズヨシさん」

Tips 68

デスクで飲食しない

パソコンは大切な会社の資産です。しかも中身は知と情報の宝箱でもあります。ですから誤って飲み物をこぼして全損させないよう、日頃から注意を払いましょう。

私は学生時代にコールセンターでオペレーターのアルバイトをしていたのですが、派遣社員の方がデスクでジュースをこぼしてしまい、端末が破損して大問題となりました。ちょっとした不注意、気の緩みが原因です。まもなくして彼女は責任をとって職場を去ったのですが、一緒に働いた誰もが同じミスをする可能性はありました。

「デスクでは飲食しない！」そう決めてしまうのが一番安心です。

どうしても飲みたいなら、**こぼれにくいマグカップを買ったり、ペットボトルのキャップを都度閉める**ようにしましょう。社内に給湯室や休憩スペースがあるなら、場所を変えて飲めばいいのです。

訪問先でお茶やコーヒーを出してもらったときも要注意。**「どうぞ」と言われたら、早めに飲み終えるのが得策**です。こぼす心配がなくなり、話に集中できるからです。大事なシーンで書類や相手の服を汚さないよう、そそうは未然に防ぎましょう。

▶ 68 飲み物の転倒防止

□飲み物、食べ物で想定されるリスク

パソコンに飲み物をこぼす

契約書に油のシミをつける

商談中、熱いお茶をこぼす

□どうしてもデスクで飲みたいなら

倒れないマグカップ

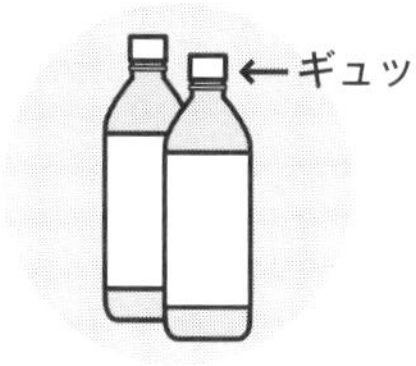

ペットボトルのフタを都度閉める

□デスク以外の場所でリフレッシュ

・自販機の近くで
・モノが置かれていない作業台で
・カフェスペースや食堂で
・給湯室で

Tips

69 指さし確認もアリ！

ささいなミスが原因で人の生死に関わる仕事があります。すぐ思いつくのが医療業、運輸業、建設業といったところでしょうか。それらの現場では、ミスを防ぐ策が綿密に立てられています。中でも「指さし確認」は今なお行われています。

ＴＶ番組で放映されたＡＮＡの整備士によれば、人の視界は１８０度あっても注目できる視野はたったの2度だけだそうです。**指さし確認をすると、その2度に限定されるので、しっかり対象物を認識できる**と話していました。

一方、事務の仕事をする人なら、指さし確認になじみが薄いと思われます。静まり返った職場で声を出すなんて恥ずかしいかもしれません。でも、しくみにすれば立派なミス防止策として認知されるでしょう。

例えば、最後に帰る人が電源を落としたり、鍵をしめるときなど有効ではないでしょうか。また、お客様を招く会議やイベントがあれば、準備に抜かりがないかどうか、**チェックリストを持ちながらメンバーと指さし確認**してみてください。

慣れてしまうと、ミスを防ぐだけでなく達成感も味わうことができます。

▶ 69「よーし」の号令

□オフィスワークも指さし確認

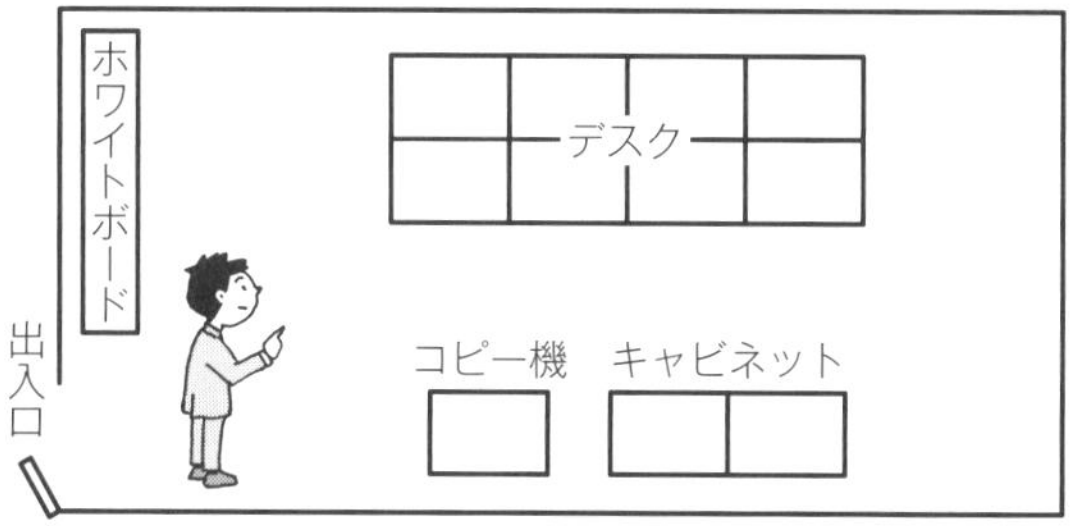

最後に帰る人が確認

「金庫のカギよーし」
「キャビネットの施錠よーし」
「パソコン電源オフよーし」

明日のイベントの確認

「机のセッティングよーし」
「資料印刷よーし」
「マイクテストよーし」

Tips 70 リスク予想図を作ろう

仕事に責任感や緊張感を持たないと、ミスを繰り返す場合があります。失敗をしてお客様から厳しいお叱りを受けたり、取引先から「君でなく担当を替えてくれ！」と言われ痛い目に遭ったなら別ですが、上司や担当部署が身代わりになってクレーム対応をし、穏便に済ませてくれたなら、コトの重大さに気づかないままかもしれません。

そこでおすすめしたいのは、リスク予想図です。**自分の仕事をミスすると、どんな被害を及ぼすのか「ヒト、モノ、カネ、コト、時間」の5要素で算出**してみましょう。

例えばケアレスミスをし、取引先に払うべき金額を1桁間違えたとします。正しくは20万円なのに200万円振り込んでしまった。となると謝罪、回収が必要となります。万が一、回収できなかったら180万円の損失です。回収できたとしても、信用を失うことで既存の契約が解約されたり、取引停止となるかもしれません。という具合に、予想される最大損害額を算出してみてください。

ミスがもたらすリスクをイメージすれば、セルフチェックする習慣が身につきます。ぜひ担当業務のリスク予想図を作り、責任感と緊張感を持つようにしましょう。

▶ 70 どんな被害が起こるか想定する

□ケアレスミスが引き起こすリスク

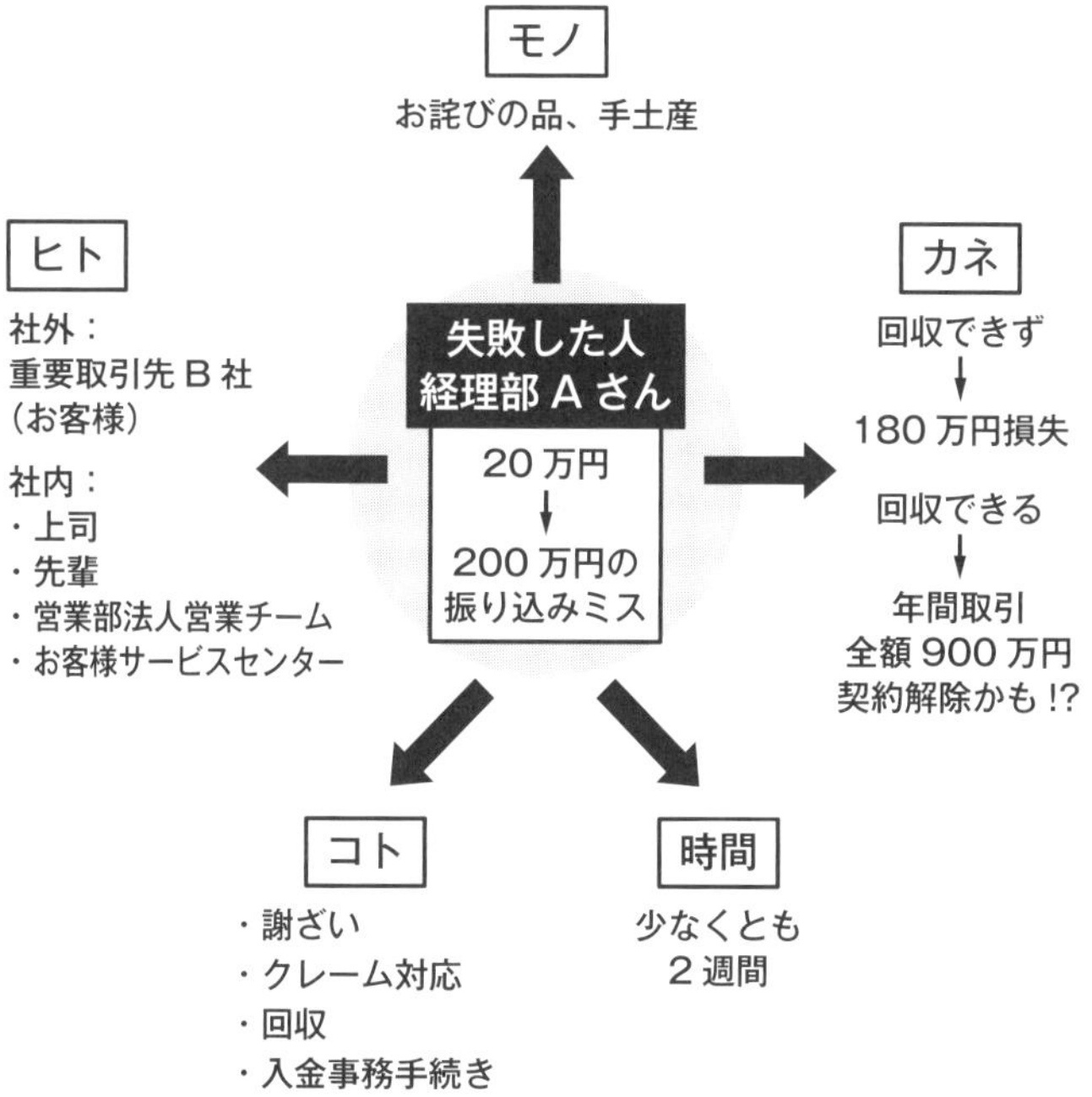

一番失いたくないのは"信頼" と"信用"。
契約をもらうまで営業部が 10 年かけ社長と親交を深めてようやく成約したという企業があった。でも事務部門のケアレスミスで契約は打ち切りに。社長からクレームと絶交を言い渡されたそうだ。

ケアレスミスや凡ミスがどれだけ被害を広げるのかイメージしてから仕事に取りかかろう。

第7章

日々の心構え編

Tips

71 ミスしない人はこの世に存在しない

自己評価するなら、あなたはミスが多いですか？　それとも少ないでしょうか？
ひとつ断言できるのは、ミスしない人はこの世に存在しないということです。人のする仕事にノーミス、完璧、100％はありえないのです。であれば、「ミスは誰でもするもの」と割り切りましょう。むしろ大切なのは、どう防ぐかなのです。

ミスが少ない人は、セルフチェックを念入りにしています。そう、上司に見せる段階でケアレスミスをなくしているのです。

企業ではダブルチェック、トリプルチェックのしくみを作り、人を変えてミスを見つけています。それはもちろん有効ですが、**他人に見つけてもらうより、まずは自分の段階でミスを防ごう**というのが本書のねらいです。

さて、私の経歴を少しお話しさせてください。新卒で入社したのは損害保険会社、命の次に大事なお金を扱う金融業界でした。ひとつ目の配属先は損害調査部といって、交通事故に遭ったお客様に保険金を支払うところです。

金融機関であってはならないミス、それはお金です。でも入社数カ月後、私は大きなミスをしでかしました。ペアを組んでいた男性社員、上司や先輩に助けられ、問題は解決できたのですが、この経験は今もトラウマとなっています。原因は、目先の書類や端末操作だけを仕事ととらえ、その背景にあるお金の重み、尊さを理解していない甘さにあったと思います。

「半沢直樹」のドラマが大ヒットしました。ご覧になった人は多いことでしょう。銀行が舞台となり、1円の誤差があったら夜中まで原因を探るなど、ミスにまつわる実務も知ることができました。中でも「減点法」という言葉が印象的で、「1回でもミスをしたらキャリアに汚点がつく」と登場人物たちが言っていたのが記憶に新しいところです。「減点法」と言うとネガティブでストレスを感じやすいのですが、どんな職業であれ、ミスをなくすのはプロとして共通の課題ではないでしょうか。

経歴に話を戻しますと、保険会社を退社し、講師を目指してからは、何人かの先輩講師に同行してアシスタントをさせてもらいました。OJT（職場内教育）の一環です。

そのとき、ちょっとした不注意が原因で仕事を干される先輩講師たちを目の当たりにしました。

2回あって、1回はUSBメモリーの忘れ物です。その日は、出講先の企業でパソコンを借りてパワーポイントを上映しながら講義をする予定でした。でも先輩はデータを入れたUSBメモリーを忘れてしまい、何も上映せずに進行したのです。パソコンやプロジェクターを用意した先方の役員は怒り「あの講師はもうよこすな」と研修会社にクレームを伝えました。

2回目は、別の先輩講師が企業から預かったペーパーの受講者名簿をなくしたことです。所属と名前、年齢だけ入ったものですが、個人情報の管理不行き届きと見なされ、彼も仕事が減っていきました。

これらの事例から言えるのは、**他人のチェック任せでは限界があり、厳しいビジネス社会を生き抜くことはできない**ということです。ぜひこの機会に自分の仕事スタイル、進め方を見つめ直し、「ミスありき」から「ミスを防ぐ」へ変えましょう。

▶ 71 ミスとの向き合い方

□上司に提出する前にセルフチェック

・上司はケアレスミスをチェックする人ではない。
・初歩的なミスがなければ、より高度なアドバイスがもらえるようになる。

□意識を変えよう

ミスありき → ミスを防ぐ

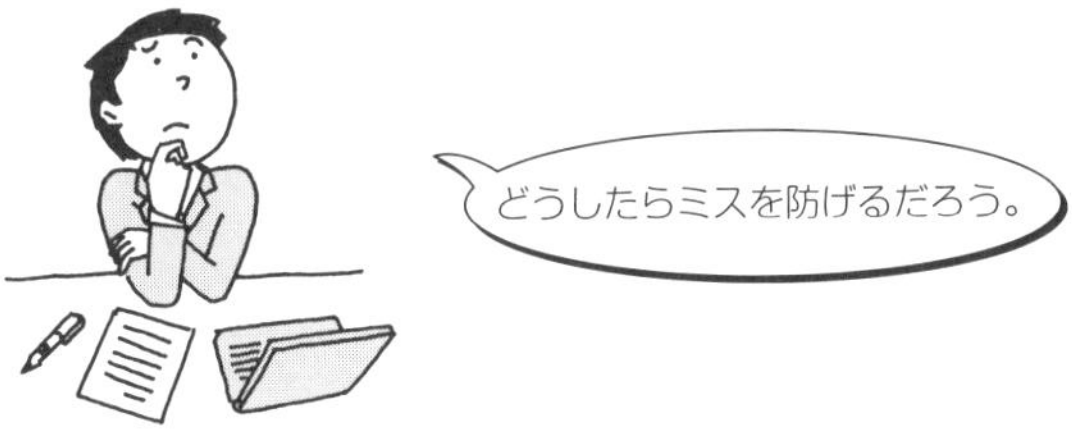

Tips
72 ミスは成長や改善のヒントになる味方

ミスは悪者、憎き敵でしょうか？　いいえ、長い目で見ればあなたの強い味方になってくれます。成長や改善は失敗から生まれると言っても過言ではありません。

たぶんちょっとしたことが原因で私たちは思いもよらぬ間違いをし、被害の大きさに驚き、後悔や反省をします。この反省こそが財産になるのです。

ＰＤＣＡマネジメントサイクルという言葉をご存じでしょうか。念のために確認しますと、Ｐｌａｎ＝計画、Ｄｏ＝実行、Ｃｈｅｃｋ＝振り返り、Ａｃｔｉｏｎ＝改善のことです。

計画を立てずに思いつきや感情にまかせて仕事をすると、ミスは多くなります。そのとき、**一度立ち止まって「なぜミスをしたのだろう」と原因を分析しなければ、きっと同じ失敗を繰り返す**ことになるでしょう。

つまりＤｏを繰り返すだけの人は、学びがないということです。逆にキチンと振り返りをすれば、次回は改善するための計画を立てられるようになります。

学生の頃に受けたテストを例にしましょう。マークシート方式なら、ひとつずつ解答欄がズレただけで100点が0点になる可能性だってあります。ですから制限時間60分だとしたら、最初に時間配分を考えて、50分でひと通り問題を解く。残りの10分は見直しにあてたなら、間違いに気づき直すことができます。

勉強と同じく、**仕事のミス防止にも振り返りが大切**です。そこで175ページにワークシートを載せました。このシートにある3つの質問に答えると、PDCAサイクルを回すことができるので、ぜひ書き出してみましょう。事実→理由の分析→教訓を明文化し、これからもミスをするたびにノートに書き留めてください。

そういえば数カ月前、面白い話を聞きました。取引先の女性とプライベートでランチの約束をしたときのこと。名古屋にある高層ビルの41階のレストランで待ち合わせしたのですが、彼女は14階と間違え、オフィスフロアをうろついてしまったそうです。そして「実は私って数字を逆にしてしまうミスが多いんです」と告白してくれました。

彼女は金融機関で事務トレーナーを務め、現場を巡回し指導する立場にあります。行動はテキパキ、まさに『デキる人』というイメージで、ミスをした場面を私は見たことがありません。でも彼女だって弱点はあったのです。ではなぜ仕事でミスをしないかといえば、**自分の弱みを客観的にとらえ、仕事で常に扱う数字の確認を二度・三度と行っていた**からでしょう。

このように、あなたもきっとミスしやすい傾向とそれを防ぐ対策があるはずです。

私の場合、これまで締切りに遅れたことは一度もないのがプチ自慢だったのですが、昨年はじめてセミナーテキストの締切日をウッカリ忘れてしまい、取引先から督促されたことがありました。忙しさのピークを越え、緊張感が緩んだのが原因でしょう。見ると手帳にはしっかり納期を書いているのに見落としていたのです。その日以来、手帳をチェックする回数を増やすべく「開いたままデスクに立てる」を励行しています。

このように**失敗経験からヒントを得たり、自分の弱点を重点的にチェックする対策をすれば、日常的にミスを減らすことができる**ようになります。

ミスをして一時的に落ち込むのは仕方ありませんが、むしろ前向きにとらえてください。何より「ミスを活かすにはどうしたらいいのか」を冷静に考えてみましょう。

▶ 72 ミスを味方につける

□反省すれば次回は防げる

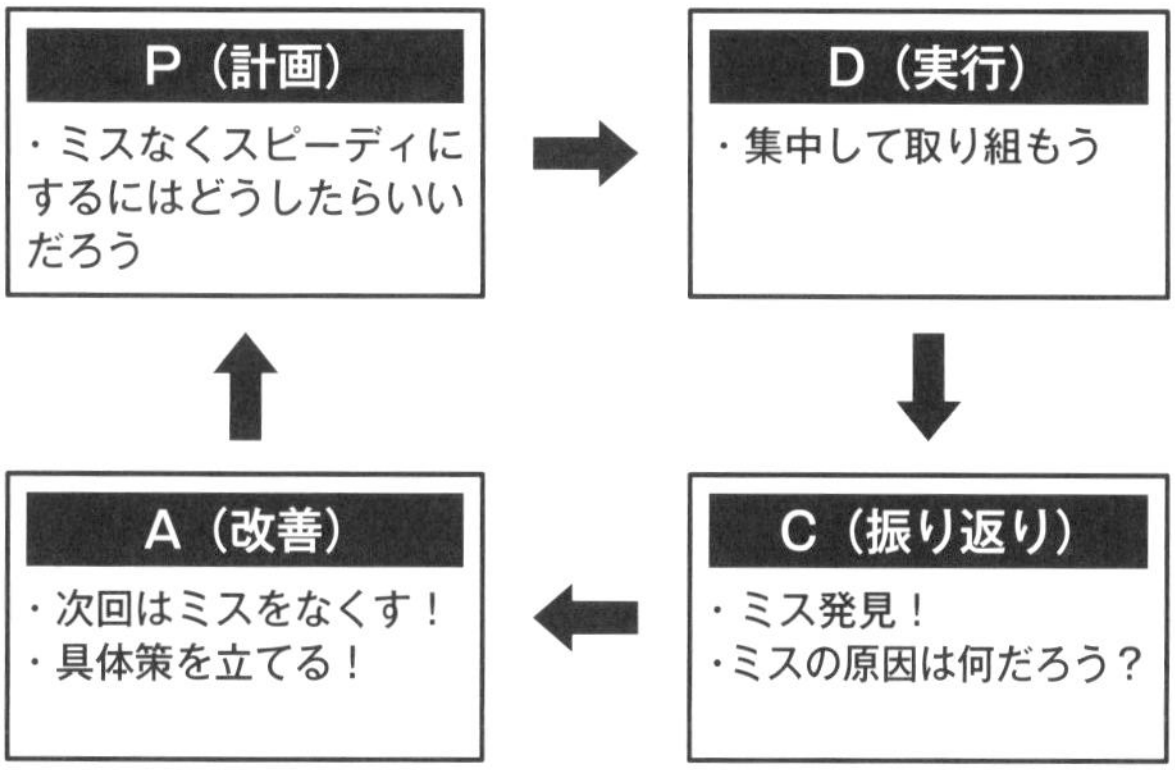
P（計画）
・ミスなくスピーディにするにはどうしたらいいだろう
D（実行）
・集中して取り組もう
C（振り返り）
・ミス発見！
・ミスの原因は何だろう？
A（改善）
・次回はミスをなくす！
・具体策を立てる！

□あなたの失敗体験は？

失敗したこと

失敗した理由は？

失敗して得たこと、学んだこと、
その後教訓にしていることは？

Tips

73 ミスを減らす取り組み

ここでは、ミスについて知っておいて損はない知識や情報をお伝えします。

それは**「ヒヤリ・ハット」**です。あなたもこの言葉を聞いたことがあるのではないでしょうか？　これは重大な災害や事故にはならなかったものの、その一歩手前の発見を言います。文字通りヒヤっとしたりハッとした経験のことです。

医療現場では「ヒヤリ・ハット」を開示することでミスを減らす取り組みが行われています。

２０１４年の日経新聞によれば、２０１３年全国９６５の医療機関から報告された医療事故は３０４９件で前年を１６７件上回り、過去最多でした。また、医療事故とは別に、事故につながりかねない「ヒヤリ・ハット」事例の発生件数は60万９０００件でした。

この記事を読み、次のような気づきがありました。それは、医療事故を防ごうと日夜取り組んでいても、結果として件数は増えているということです。でも、60万９０００件ものヒヤリ・ハットが他の事故を未然に防いでくれたのも事実です。

「ハインリッヒの法則」と言われるものがあります。これは、1件の重大な事故や災害の裏には29件の軽微なミス、さらに300件のヒヤリ・ハットがあるという理論です。

ビジネスの現場でも、ヒヤリ・ハットはミスを防ぐ武器になります。

つまり、**気づく力が大切**なのです。一歩手前で「不安なので書類をもう一度見直そう」「自己判断せず上司に相談しよう」「お客様の口調がいつもと違うので話を聞こう」とブレーキを踏めば、ミスやクレームを防げるシーンはあるのではないでしょうか。**スピード化の時代ですが、前に進むだけでなく立ち止まったり、ときには一歩下がってみることも必要**です。

日々の業務の中で、『気づき』を大切に活かしましょう。ノートに赤字の吹き出しにして書き留める、チェックリストの項目に加えておく、隠さずにメンバーと共有する、後輩指導のとき「ミスをしやすい箇所」として教えるなど、方法はたくさんあります。

また仕事の進め方でも、思わぬ落とし穴があるかもしれません。売上やノルマを最優先して数字ありきだったり、新規開拓を目標にして既存客に見向きもしなければ、結果的に顧客満足度が下がり競合他社に乗り換えられるリスクもあります。

新人の頃の私のように、書類や数字だけを見ていたら仕事はうまくいきません。その背景にあるものを想像したり、お客様の気持ちを汲む力も大切です。

クレームは「隠す」から「開示する」時代へと変わりました。

金融機関のホームページを見ると、具体的なクレームやその件数まで載っている企業があります。しかも月ごとの増減までハッキリと載せています。

お客様の声やクレームが現場に届くと、本部へ報告する様式が用意されているのです。本部には「お客様サービスセンター」や「CS向上委員会」などが設置され、案件を一元管理しています。

そうやって**マイナスをプラスへと転じさせるしくみ**が整っているのです。

▶ 73 ヒヤリ・ハットを活かす

□ハインリッヒの法則

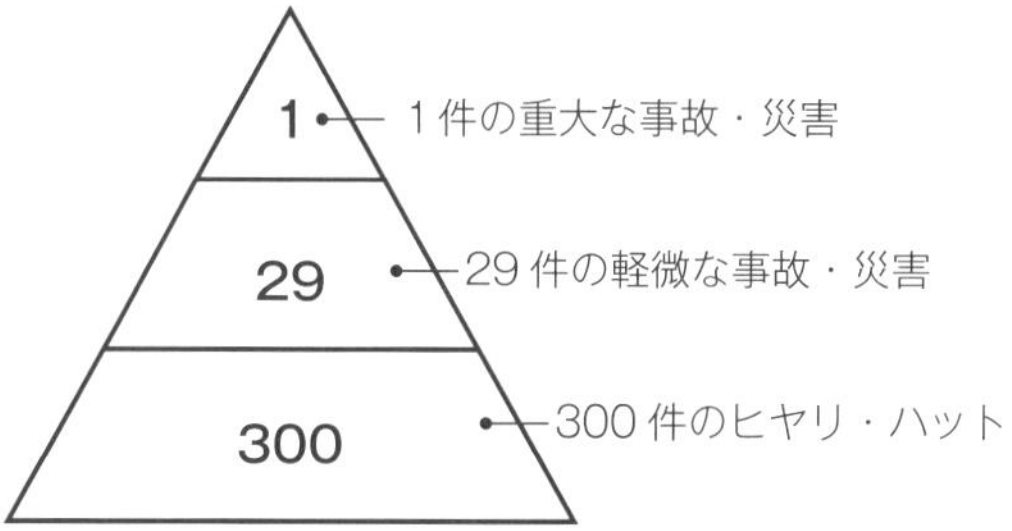

1件の重大な事故や災害の裏には 29 件の軽微なミス、さらに３００件のヒヤリ・ハットがある。

□ヒヤリ・ハットを放置しない

今回は問題が起こる前に防げたが、次回のために、約束を絶対忘れないようなしくみを考える。

Tips

74

成果が上がる人と上がらない人の違い

限られた時間内でミスをせず、成果を出すには、「優先順位を間違えないこと」と「集中すること」が大切です。つまり、大事な仕事に集中できる時間と環境を作らなければなりません。

優先順位のつけ方といえば、代表的なのは、重要度と緊急度の指標があり、いずれも高いゾーンにある仕事から手をつけようという考え方です。ただ、正直わかりにくいと私は感じています。

そこで、自分が抱えられる仕事量をひとつのバケツにたとえてみます。そのバケツの中に入れるのは石で、石はひとつひとつの仕事をさします。石にはいろいろな大きさがあり、優先順位の低い仕事や雑用は小さな石、利益を生んだりチャンスになる仕事は大きな石をイメージしてください。

すべての小石をバケツに入れていくと、あっという間に満タンになります。これは「忙しい」が口癖で、一生懸命に仕事はしていても、成果が上がりにくい人の典型的なパターンです。
一方、成果の上がる人は、小石を入れる前に本当に大事なのかを見定めています。バケツに入れるものと入れないものを選別するので、すぐには満タンになりません。むしろバケツにスペースを残しておき、大きな石がやってきたら受け入れる準備ができています。つまり彼らは自分で主導権を持って、やることを選んでいるのです。

7年前に起業した頃の私は、忙しいけれど成果が出ない負のスパイラルにはまっていました。スケジュールはビッシリ詰まっているのに、目標にはほど遠く、結果が出せないのです。

そんなあるとき、取引先から「新しい仕事があるけれどやってみない？」と声がかかりました。自分にとってやりたかった仕事、まさにチャンスです。でも手持ちの仕事をこなすのが精いっぱいで時間的な余裕はありません。そのため「申し訳ありませんが1週間後にお返事させてください」と答え、先約を整理してから引き受けようと考えました。そして1週間後、取引先に電話をかけ「先日のお話ですが」と切り出したところ、先方から「あぁ、その話はもう結構です。他の人に決まりましたから」とあっさり断られたのです。

その苦い経験が、教訓をくれました。以来、バケツの中に大きな石を優先して入れるよう意識しながら仕事をするようにしています。

また、バケツでいえば、ひとつの石で済む仕事なのに、2つ3つとやるべき仕事が増えてしまうことがあります。それはミスです。ミスすると、やり直したり謝ったりと、時間や労力を費やすことになるからです。

つまり、**ミスを防ぐのは時間を作ること**でもあります。できた時間を大事な仕事にあてれば、個人も会社も成長でき、利益をがっちり稼ぐことができるようになるのです。

スピード化の時代は、こんな風に優先順位の指標を変えてみてください。ひとつ目は「すぐに着手できること」、2つ目は「すぐに効果の出ること」です。

「すぐに着手できて、すぐに効果が出る」なら最優先すべき大切な仕事となります。

さあ、近いうちにチャンスが訪れるよう、ひとつでも2つでも小さな改善をスタートさせましょう。

▶ 74 バケツをイメージ

□その仕事は本当に大切ですか？

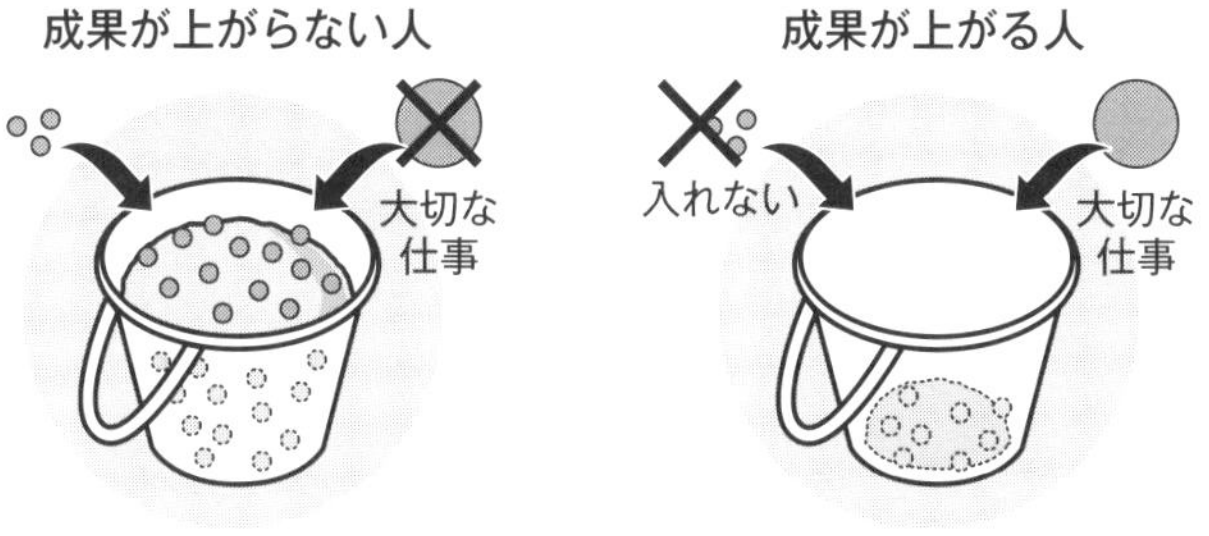

小さな仕事でいっぱいになり、本当にやるべき仕事ができない。

大切な仕事、目標に近づくこと、利益の上がること、チャンスになることを入れるスペースがある。

□優先順位の指標を変えてみよう

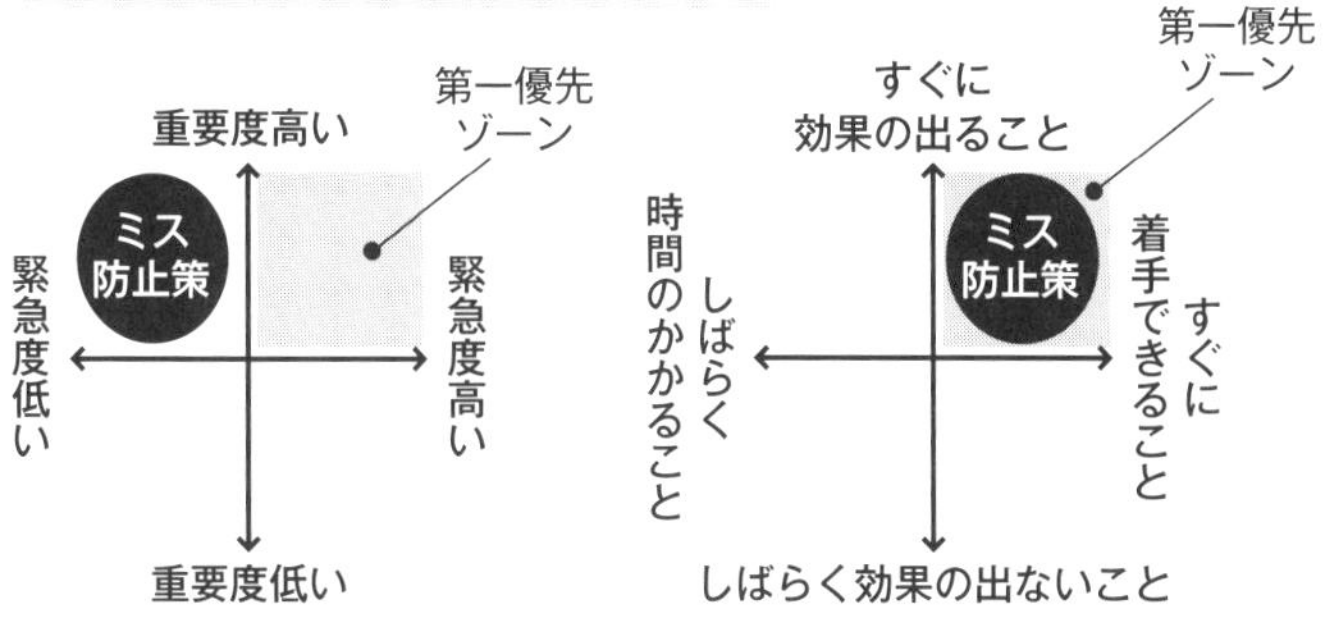

・大事だけどそのうちやればいい
・営業は数字を上げるのが仕事でしょ
・いつかやるから待ってください

・今やらないと損をする
・ミスが減って、仕事がはかどる
・もっと早くやればよかった

従来の指標で考えるとミス防止策は第一優先ゾーンに入らないので、指標を変えて積極的に実施する。

Tips
75 ムダがあれば集中できる

優先順位に続き、集中力を高める方法について触れます。

人の集中力は長くて90分続くと言われます。わかりやすいのが大学の講義時間です。となると就業時間が9時〜17時の場合、少なくとも12時まで午前中に1回、お昼休憩をはさみ、午後13時から17時までに3回は休憩タイムが必要ではないでしょうか。

集中力はミスをしないで成果を出すために欠かせません。でも、ただでさえストレス過多の時代です。緊張感を保ったまま休みなく働くのでは、心身ともに支障をきたしてしまうでしょう。


そこで提案します。あえて少しだけムダを残し、仕事に緩急をつけて集中力を高めませんか？

近年、職場で相互扶助の精神が失われつつあると感じます。その背景にはいくつか原因が思い当たります。

例えば、成果主義により給与に大きく差がつく企業では、同僚をライバル視してしまい、仕事を教えない・回さない人が出ています。

また、電話よりメールでのやりとりが主流となり、多くの職場はシーンと静まりかえってパソコンを打つカチカチという音だけが響きわたっています。中には「私語禁止」という職場もあるほどです。これでは口頭で報連相をしづらくなるのも仕方ありません。

職場環境についても経験談をお話しします。私は再就職をしてから講師になるまでの間、いろいろな業界で働きました。アルバイト、パート、派遣社員、フリーランスの順に様々な雇用形態も経験しました。

その中で、上司の監督ぶりが厳しい職場がありました。誰かがひと言ふた言雑談をするだけで「うるさい!」と、上司は怒ります。廊下での立ち話も禁止。メンバーは言いたいこともがまんして、毎日ビクビクしながら仕事をしていました。

一方、別の職場では、上司が「3時の休憩」を作り、みんなでお茶を飲みながら数分間おしゃべりをするのが習慣でした。

眉間に皺をよせてパソコンに向かっていると「休憩してくださーい」と声をかけられま

す。オフィスの隣にはコンビニエンスストアがあり、上司がお小遣いで私たち3人の部下にお菓子やアイスを買ってきてくれることもありました。

休憩時間は厳密に決まっていませんが、10~15分くらい家族のこと、健康のこと、仕事で失敗したこと、お客様から褒められたことなどをおしゃべりします。この職場では、お互いを知ることができ、結束力が高まりました。休憩後は「定時までもうひと踏ん張り!」と気合を入れる効果もありました。

人は機械ではありません。集中力だって限界があります。ですから、**お茶を飲んだり、職場の人とジョークを言い合うのは効果的**だと思います。ギスギスした職場よりリラックスできる環境の方が、かえって集中力は高まるのではないでしょうか。

ただ、2つの環境の違いは上司の考え方によるものです。若手社員や入社歴の浅いうちは、職場環境ごと変えるのは難しいので、自分流のメリハリ術を見つけてください。

例えば、デスクの引き出しに、お茶やお菓子を入れた「ご褒美トレー」を忍ばせるのも一案です。**ToDoリストに「○○を終えたらお茶」**などと書いておいてもいいでしょう。

▶ 75 リフレッシュでミスをなくす

□こまめに休憩をとる

ミスが発生しない人

90 分仕事をしたら、ひと息入れる。すると、集中力が回復し、
仕事のスピードが上がる。そして、ミスも起こさないようになる。

ミスが発生する人

仕事がたまっているからといって休まずに続けてやると、
仕事のスピードは落ち、ミスも起こりやすくなる。

Tips
76
当たり前のことが強みになる!

自慢にはなりませんが、私はせっかちであわてんぼうの人間です。ゆっくり落ち着いて行動するより、スピード重視です。そのせいか会社員のときはミスが多く、よく上司や先輩に指摘されていました。

今思えば、「またミスをしても誰かが見つけてくれるはず」「最終的に上司が責任をとるのだから」と、どこかで甘えがあったかもしれません。

「ミスが致命傷になる!」と感じたのは、フリーランスの講師になったときです。フリーランスは月給制ではないので、仕事のオファーがなければ収入もなくなる不安定な働き方です。やがて独立すれば、売れる講師と売れない講師では差が歴然! 登壇する回数はもちろん、1回あたりの講師料も大きく異なります。

フリーランスとして少しずつ仕事が増えたとき、研修会社の上司に質問したことがあります。「ベテラン講師をたくさん抱えているのに、どうして新人の私に仕事を回してくれるのですか？」

すると彼は「鈴木さんは書類をファイルするから安心なんだよね。研修先の企業から預かった経営目標や受講者名簿の書類をなくさないでしょ。時間の約束も大事で、遅刻しないし、テキストの締切りを守っている。実は締切りに遅れる人が多いから」と答えてくれました。

この答えを聞いて、「そんな理由なんだ」と実はがっかりしました。内心では「君はプレゼンがうまいから」とか「企画がキラリと光るんだよね」という答えを期待していたからです（笑）。彼いわく、講師陣を比べるとスキルの差はそれほどない。だから選ぶ基準は**安心して任せられるか、客先から信頼されるか**どうかだ、と言うのです。

やがて独立、起業してからは、企業研修の他、公開セミナーや執筆の仕事が加わりました。「ビジネス文書・メールの書き方」のテーマは、かねてからオハコだったこともあり、順調に仕事が増えていきます。が、続けて「5Sで簡単！ オフィスの整理整頓」や「絶対にミスをしない人の仕事のワザ」の企画を頼まれたときは耳を疑いました。整理整頓やミスについては、長年苦手意識を持っていたからです。「他の人と間違えているのでは？

本当に私でいいのですか？」と聞き返したくらいです。

そのうえ私は有名大学を卒業していませんし、優秀なわけでもなく、士業と呼ばれるような資格もＭＢＡもありません。でもありがたいことに、なぜか仕事の指名をしてもらえます。その理由を考えると、**「当たり前のことができるように」と努力しているから**かもしれません。

失敗経験だけは負けないので、今も反省と改善の繰り返しです。そのうち不思議なことに「そのノウハウを提供してほしい」と言われるようになりました。自分だけでなく、「弱みを克服するにはどうしたらいいだろう？」と参加者の皆さんと一緒になって考えてきたことが、活かされるようになったのです。

整理整頓、情報管理、タイムマネジメント。これらは仕事の基本なので、会社勤務の人も、フリーランスの人も、自営業も起業家も、みんなにとってマストです。でも実際には、できていない人の方が多いのです。

ですから「自分はミスが多い」「上司やお客様に注意されてばかり」、そう感じている人は諦めないでください。思い込みも禁物です。スタートラインはみんな一緒なのですから。

当たり前のことができる。それは立派な強みとなることを忘れないでください。

▶ 76 当たり前のことからスタート

□小さな仕事をキチンとこなすと強みになる！

Tips

77

ミスをなくせばチャンスの神様がやってくる

ミスを防ぐための意識やスキルをお伝えしてきましたが、まずはひとつひとつの仕事を大切にし、丁寧に向き合ってほしいと思います。

若手社員のうちは、与えられた仕事や定型業務、単純作業をこなすことが多いでしょう。まずは習った通りにミスなく仕事ができる。これが当面の目標だからです。本当はもっと難しい仕事がしたくても「コピーして」「お弁当を買ってきて」「とにかく電話に出て」。そんな指示がアチコチから飛んできて嫌気がさすこともあるでしょう。

でも、一見すると**雑用に思える仕事でも、ふてくされず、大切に丁寧にこなす**人がいます。そんな彼らは早いうちに仕事の段取りを覚え、ミスが少なくなっていきます。そうです。どんな仕事であれ、基本をおろそかにしては応用なんてできません。当たり前のことができる、ミスが少ないと評価されれば次のステージが用意されているのです。

現在、企業では役割高度化が進んでいます。

総合職は未開拓の分野へチャレンジする。そのために総合職の仕事を一般職や業務職へシフトする。一般職や業務職の仕事は、有能なパートタイマーなどの非正規社員に担当してもらう、といった企業が増えています。

そもそも「一般職」自体をなくして社員は全員総合職、アシスタントは非正規社員というところもあります。いずれにせよ、努力して結果を出せば、誰にでも活躍できるステージは準備されているのです。

当社にも、それらをねらいとしたオファーが年々増えています。「やる気があれば一般職から総合職へ職種転換させたい」「事務だけでなく営業もさせたい」「若手女性社員の中から将来の支店長を出したい」など具体的な声が各社から寄せられます。

ミス防止をはじめてみると、仕事だけでなく考え方や生活スタイルまで変わります。なぜなら、何か問題が起きたとき、自分で解決する力がつくからです。問題の原因を他責（自分以外のせいにすること、例えば組織が悪い、○○さんが悪い）でなく、自責（責任を転嫁せず自分基点で考えること）でとらえる習慣が身につくのです。

ぜひ、小さな気づきを大切にしてプラス改善をはじめてみてください。

あなたにしかできない創意工夫だって活かせます。

上司へナンバリングで報告する、デスクをキレイにする、チェック表を作る……。何でも結構です。これからは**「どうせ」でなく「どうしたら」を考えましょう。**そうするうちに、あなたも弱みを強みに変えたり、誰かに認めてもらう日がくるはずです。

会社でミス防止の体制を整えるのは大切ですが、ミスをすると犯人のように扱われるようでは、仕事が楽しくなくなります。逆に、プロ意識が弱い『仲良しクラブ』ですと、チェックが形骸化し、結果的にミスは減らしにくいでしょう。

ですから、**自分の仕事を楽しみながらミスを防いで、評価と信頼を得てほしい**のです。結果的にチームや会社に貢献できるのですから。

もしあなたが毎日の仕事に満足していないなら、もっと成長したいなら、すぐ行動に移しましょう。

ミスを防げば「○○さんなら安心」という褒め言葉をもらえるようになります。そしてやりたい仕事が舞い込むはずです。

▶ 77 ミスを減らして、評価を上げる

□ミスを防ぐとこんな効果あり

考え方：**他責** → **自責**

口ぐせ：**「どうせ」** → **「どうしたら」**

□幸せのサイクルを回そう

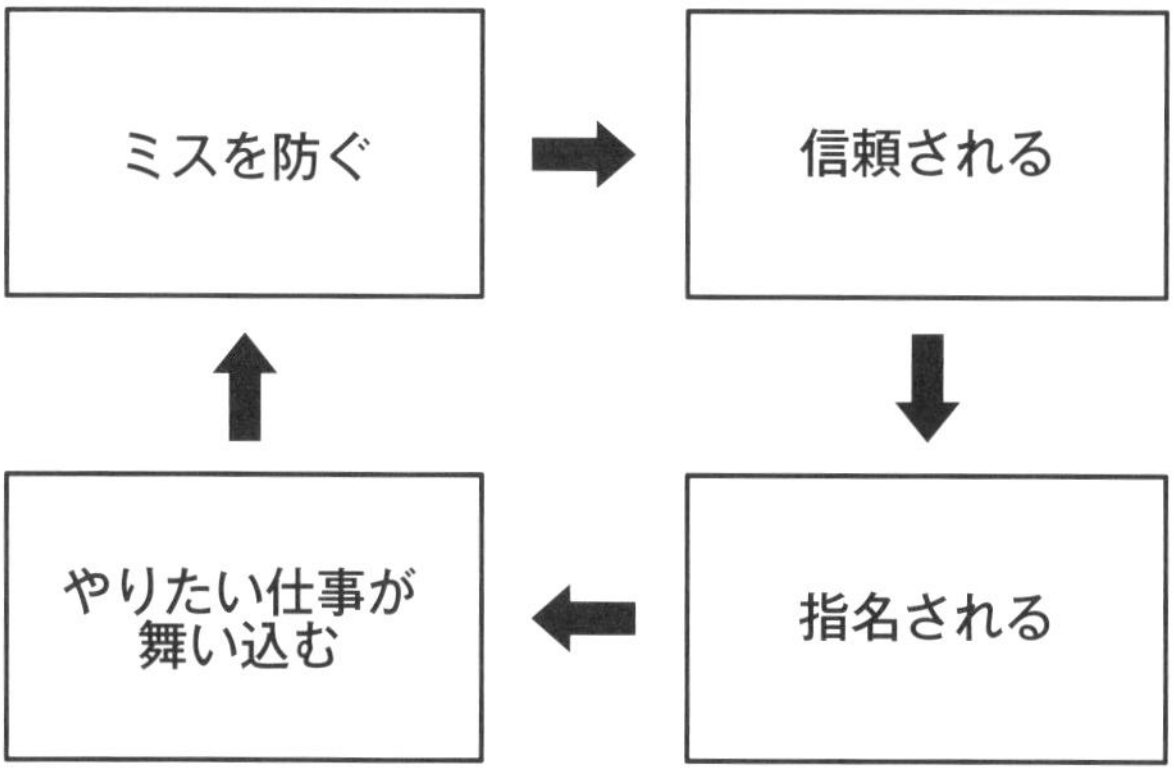

「○○さんに頼めば安心」は最高の褒め言葉

おわりに

最後までお読みくださり、ありがとうございました。
自分は信じても、自分のしたことは疑おう。
これが、ミスをなくすためのスタートラインです。

思うに、はじめから仕事ができる人なんていません。ミスが多いなら少なくする。少なくなればゼロにする。そうやって仕事のワザや習慣を身につけていくうち、結果は後からついてきます。

本書にあるTipsのひとつでも2つでも、「すぐに使える！」と思ってもらえたなら筆者として嬉しく思います。

また、本を手にするとき、費用対効果を考えると「役に立った」「面白かった」では元が取れません。ミスをなくすよう、ぜひ行動に移してみてください。

最後に、本書の企画をくださった明日香出版社の久松圭祐さんに心よりお礼申しあげます。段取りよく指南していただきながら、お互いのミスを告白し合うのは、とくに楽しいひとときでした。行き詰ったときには、さりげなくアイデアのヒントまで。おかげさまでようやく1冊の本にまとめることができました。

ひとつだけ困っているのは、タイトルに「絶対にミスをしない人」の「絶対」がついたことです。これから私と会う人は、ミスをするはずがないと思い込むかもしれません。でもストレスに感じず（笑）、いいプレッシャーに変えて仕事に励みたいと思います。

あなたもミスに振り回されない仕事術を身につけて、毎日の仕事を楽しみましょう。

鈴木　真理子

vitamin M

株式会社 ヴィタミンM

ヴィタミンＭの"M"は、マンパワーです。

人は誰でも得意分野をお持ちです。ヴィタミンMでは、研修やセミナーを通して受講者の方が成功体験を味わいながら自己の可能性に気づき、やる気を高める"しくみ"をつくっています。

強い経済へ期待が高まる今、より付加価値の高い仕事をし、チャンスをつかみましょう。

ヴィタミンMが皆様の栄養源となれる日を心待ちにしております。

＜人気プログラム＞

【仕事の進め方を見直したい！】

- ◆ 絶対にミスをしない仕事のワザ
- ◆ ５Ｓで簡単！ オフィスの整理整頓
- ◆ 仕事のムダをなくす時間管理術

【お客さま対応力を高めたい！】

- ◆ ＣＳと業績を高めるビジネスマナー
- ◆「聴く力」「話す力」実践トレーニング

【書く力に自信をつけたい！】

- ◆ ビジネス文書・メールの書き方とマナー（入門編）
- ◆ ロジカル・ライティング（応用編）

貴社用にプログラムをカスタマイズすることも可能です。

講演会、企業研修、公開セミナーなど目的に応じて、また内容や所要時間につきご相談を承ります。

◇ **お問い合わせ先　（鈴木 真理子まで）**
メール：contact@vitaminm.jp
電　話：045-719-7260

◇ **ホームページ**
http://www.vitaminm.jp/

■著者略歴
鈴木　真理子（すずき・まりこ）
株式会社ヴィタミンM　代表取締役

1968年東京都生まれ。共立女子大学卒業後、三井海上火災保険株式会社（現三井住友海上）入社。損害調査部、人事部人材開発室などを経て結婚退職。その後、キャリアを真剣に見直し、第二の就職をめざす。「伝える」「話す」「書く」能力をさらに磨き、インストラクターとしての道を歩むことを決意。2006年株式会社ヴィタミンMを設立、代表取締役就任。

現在、多くの企業研修や公開セミナーにおいてビジネスパーソン３万人以上に指導を行う。「ミスなく速く仕事をし、心も体も元気でいる！」をモットーに、楽しく・飽きさせず・ためになるプログラムを開発し、好評を得ている。
講師業のほか、新聞や雑誌をはじめメディアの取材、原稿執筆まで幅広く活動中。

○主な著書
『悩まず！すぐに！ササッと書ける　ビジネス文書＆メールの基本』（すばる舎）
『就活から役に立つ　新社会人のためのビジネスメールの書き方』（SBクリエイティブ）

【株式会社ヴィタミンMホームページ】
http://www.vitaminm.jp/
【鈴木真理子ブログ】
http://ameblo.jp/vitaminm-ms/
【All About「ビジネス文書」ガイド】
http://allabout.co.jp/

本書の内容に関するお問い合わせ
明日香出版社　編集部
☎(03) 5395-7651

やり直《なお》し・間違《まちが》いゼロ　絶対《ぜったい》にミスをしない人《ひと》の仕事《しごと》のワザ

2014年　4月　14日　初版発行
2015年　5月　15日　第65刷発行

著者　鈴木真理子《すずきまりこ》
発行者　石野栄一

明日香出版社
〒112-0005 東京都文京区水道 2-11-5
電話 (03) 5395-7650（代表）
(03) 5395-7654（FAX）
郵便振替 00150-6-183481
http://www.asuka-g.co.jp

■スタッフ■　編集　早川朋子／久松圭祐／藤田知子／古川創一／余田志保／大久保遥
営業　小林勝／奥本達哉／浜田充弘／渡辺久夫／平戸基之／野口優／横尾一樹／田中裕也／関山美保子　総務経理　藤本さやか

印刷　株式会社文昇堂
製本　根本製本株式会社
ISBN 978-4-7569-1689-1 C2036

編集担当　久松圭祐